Regine Sonnleitner

Malu die Fledermaus mit dem großen Herzen

Regine Sonnleitner

Malu
die Fledermaus mit dem großen Herzen

Sonderausgabe für Kinder

Rediroma-Verlag

Bibliografische Information der Deutschen Nationalbibliothek:
Die Deutsche Nationalbibliothek verzeichnet diese Publikation in
der Deutschen Nationalbibliografie; detaillierte bibliografische
Daten sind im Internet über http://portal.dnb.de abrufbar.

ISBN 978-3-98885-489-6

Inhaltsverzeichnis

<u>**Autorin**</u>

Regine Sonnleitner ist 1969 im Coburger Land geboren und aufgewachsen. Seit 1997 lebt sie in NRW. Sie schreibt schon ihr Leben lang für Menschen, die eine Geschichte dringend benötigen. Malu, die kleine Fledermaus mit dem großen Herzen, ist in ihren Büchern der Hauptdarsteller. Malu begegnete ihr auf einen Abendspaziergang und so fand die kleine Fledermaus den Weg zwischen die Buchdeckel. Das Besondere an Ihren Büchern ist, dass die Geschichten überwiegend aus der Sicht der Tiere erzählt sind, im wunderschönen Schauplatz der Natur. Sie selbst liebt die Natur, die Stille und Kraft, die diese ausstrahlt, und möchte etwas von dieser Faszination an ihre Leser weitergeben. Die Autorin schafft den Spagat, ihre Inhalte sowohl für Kinder als auch Erwachsene und auch ältere Leser so darzubringen, dass er anspricht und die Herzen berührt, und bleibt dabei äußerst kurzweilig. Denn gerade ihre Malu-Bücher bestehen aus einer Reihe in sich abgeschlossener Kurzgeschichten und sind somit besonders gut zu lesen.

Die Themeninhalte bei all ihren Büchern sind Themen, Situationen und Erkenntnisse aus dem Leben. Sie sind authentisch und lebensecht.

Zitat der Autorin:

„Jeder sollte einen Malu in seinem Leben haben."

Widmung

Dieses Buch, widme ich allen Kindern dieser Welt und allen Menschen, die sich für den Schutz der Kinder einsetzen.

Vorwort

Liebe kleinen Leserinnen und Leser,

Jeder sollte einen Malu in seinem Leben haben.

Tauche ein, in seine fantastische Welt und begleite Malu auf seinen Abenteuern zu wundervollen Freunden.

Lerne die wertvolle Magie der Freundschaft, Achtsamkeit und Zuversicht kennen.

Gestalte dein Buch bunt. Es gibt viel zum ausmalen und auch Rätsel zu lösen. Also schnapp dir deine Buntstifte (keine Filsstifte) und leg los. Hinweise bekommst du von Celine dem Marienkäferchen.

Ich wünsche ganz viel Spaß dabei.

herzlichst

Malu und Regine

Malu lädt euch ein

Das zarte Licht der Abendsonne verwandelte den Wald in ein bizarres Lichtermeer. Der Himmel erstrahlte in seinen schönsten Farben. Ganz langsam senkte sich die Sonne herab. Es war die Zeit, in der die Wunderwelt des Lebens erwachte. Die Zeit, in der man mit seinen ganzen Sinnen die Natur spüren konnte. Stellenweise sah es aus, als würden die Bäume brennen, durch die farbigen Strahlen, die das Licht durch das Blätterdach warf. Die Vögel stimmten ihr Abendlied an und der Klang der Melodie empfing die aufkommende Nacht mit Freude. Je weiter sich die Dämmerung herabzog, desto ruhiger wurde es. Die Stille der Nacht, wenn der Mond und die Sterne erwachten, senkte sich über das Leben. Alles, was man tun musste, war, sich vom Licht des Mondes an die Hand nehmen und führen zu lassen, in die fantastische Welt der Dunkelheit.

Langsam erwachten auch die Tiere der Nacht. Lautlos schwebte die Eule zwischen den Bäumen, auf der Suche nach Beute. Am Boden raschelte es und die Jäger des Waldes machten sich auf die Jagd nach Nahrung. Im Lichtschein der Finsternis sah man eine Spinne ihr Netz weben. Schaute man in den Himmel, konnte man ein schwarzes, kleines Wesen erkennen, das unter dem Sternenzelt entlang flitzte. Es war flink. Nur wer genau darauf achtete, bekam es zu sehen. Die Eule landete auf einer großen Eiche, an der die kleine Spinne ihr Netz webte, und schaute diesem kleinen Geschöpf entgegen. Dieser kleine fliegende Wicht heißt Malu. Wer Malu noch nicht kennt … Malu ist eine Fledermaus. Klein, schnell und hoch intelligent und immer auf der Suche nach dem Licht im Dunkeln. Die kleine Spinne saß in ihrem Netz und schaute Malu entgegen. Denn sie kannte Malu, genauso wie die Eule. Diese drei so unterschiedlichen Gesellen besaßen etwas, das wertvoller als alles auf der Welt war. Es ist eine innige Freundschaft. Mirko, die Spinne, der Weber, ein Krafttier, das die Schicksalsfäden in der Hand hält und dessen Name „Friede" und „Bedeutend" aussagte. Sophia, die Eule, die sowohl als Krafttier, jedoch auch durch ihren Namen für „Weisheit" steht, und Malu. Als Krafttier verkörperte er die Wiedergeburt und die Auferstehung, die zugleich auch ein Attribut der Unendlichkeit ist. Er gilt als Glücksbote und für ein langes Leben. Sein Name bedeutet „Ruhe" und Frieden". Jeden Abend, wenn die Nacht ihre Magie auf die Natur niederlegte, machte sich Malu auf die Suche nach dem Fünkchen Licht im Dunkeln, das viele nicht mehr sehen. Malu landete neben den beiden auf der großen Eiche. Er streckte seine Schwingen weit aus und sah durch das Blätterdach in den Himmel. Über ihm leuchtete ein Sternenmeer am Firmament und der Mond lachte ihnen entgegen. Seine Freunde sahen ihn schweigend an. Malu atmete tief ein und dann fing er leise zu sprechen an.

„Hallo, ihr Kinder da draußen. Ihr seid herzlich eingeladen. Taucht mit mir ein in die fantastische Wunderwelt der Natur. Lasst euch an die Hand nehmen und euch das Licht im Dunkeln zeigen. Fliegt mit mir in Abenteuer und genießt die Stille des Waldes. Seht mit mir die Dunkelheit und erfreut euch an dem kleinen Licht, das im Verborgenem liegt. Lernt meine Freunde und ihren Lebensraum kennen und vor allem lieben. Wagt es und taucht ein in meine fantastische Welt."

Tränen sind Regentropfen

Mirko hing verdrossen vor seinem kaputten Netz. Er grummelte vor sich hin, als Malu anflog. „Mirko, was grummelst du? Heute nicht am weben?", fragte er.

Mirko seufzte. „Ach, Malu, heute war ein Sturm und der hat meine schönen Netze kaputtgemacht und nun muss ich erst mal die Reste wegräumen, um wieder neue zu weben. Ich war so fleißig und hatte ganz viele. Es regnet schon den ganzen Tag und ich freute mich so auf das Glitzern. Doch dann kam der Wind und nun sind sie alle dahin."

Malu lachte. „Mirko dann fängst du eben an, Neue zu weben, wo ist das Problem?"

„Malu, sie waren wunderschön und nun …"

„Mirko, auch die nächsten werden wunderschön, du weißt doch, Schönheit ist vergänglich und macht Platz für Neues."

Mirko wischte sich eine Träne weg. „Ja du hast recht, ich habe mir einfach einen Moment gegönnt zu trauern, doch nun geh ich wieder mit neuem Elan an die Arbeit und diese werden noch schöner. Wenn du morgen früh zurückkommst, kannst du sie bewundern, mit Glitzer, denn es regnet."

Malu flog aus der Höhle und ihn trafen die Regentropfen. Er flog einen Looping, jauchzte und flatterte Richtung großer Eiche. Es war so schön, durch den Regen zu fliegen. Das kühle Nass erfrischte und der Klang des Waldes war durch die Regentropfen gedämpft. An der Eiche angekommen hängte er sich in die mächtigen Äste und wartete auf Sophia. Es dauerte nicht lange und sie glitt lautlos herbei. Ihr Gefieder glitzerte im Abendrot. „Oh, wie schön, du glitzerst, das würde Mirko gefallen."

Sophia landete auf dem Ast neben Malu und schüttelte sich. Malu prustete. „Hey jetzt habe ich eine Dusche abbekommen.“

Sophia schmunzelte. „Ist er nicht toll, dieser Regen? Die ganze Natur freut sich. Komm, lass uns fliegen, denn hier zwischen den Blättern bekommen wir gar nichts ab.“

Beide flogen sie auf. Sophia voran, ging es durch den Wald. „Wohin fliegen wir?“, fragte Malu.

„Lass dich überraschen, heute machen wir mal eine ganz andere Route.“

Ganz sachte benetzte sie der Regen, während sie so dahin flogen. Stellenweise lichteten sich die Wolken und der Mond lugte hervor. Sie flogen quer durch den Wald, überflogen einige Wiesen und Felder bis sie zu den Dünen kamen, dort flog Sophia eine Schleife rauf zu den großen Klippen, die ins Meer ragten. Vereinzelt standen Bäume herum und auf einem von diesen ließ sie sich nieder.

„Schau, Malu, wie gewaltig das Meer aufschäumt und seine Wellen gegen die Klippen schlägt. Rieche den Duft des Salzes, der sich mit dem Regen vermischt. Ist es nicht wunderschön?“

Malu atmete durch. „Es ist fantastisch, trotz des Regens ist es ein toller Anblick, so geheimnisvoll und doch so gewaltig.“

Sophia lachte „Hörst du das Singen der Wellen, sie freuen sich auch, dass es regnet.“

Malu sah sich um und entdeckte unterhalb der Klippen einen kleinen Überhang. Es sah aus, als wäre dort der Eingang in eine Höhle. „Sophia lass uns dorthin fliegen, da sind wir etwas geschützt, können jedoch alles beobachten.“ Sie flatterten beide zu dem Überhang und flogen hinein. Plötzlich schrie etwas auf. „Hilfe, was ist das?“

Malu erschrak und flog gegen den Fels. Bumm, er stürzte ab und lag, die Flügel weit von sich gestreckt, im Sand auf dem Boden. Er schüttelte sich und setzte sich auf. „Boah, was für ne Bruchlandung, wer hat hier so geschrien?"

Sophia landete leise neben ihm. „Ich glaube, wir sind hier nicht alleine."

Malu sah sich um, in der gegenüberliegenden Ecke kauerte ein kleiner Junge. Er zitterte und hatte sein Gesicht mit den Händen bedeckt. Malu kroch näher. „Hey, du brauchst keine Angst vor uns zu haben, wir tun dir bestimmt nichts. Ich bin Malu und das ist Sophia. Sag uns, was machst du im Dunkeln hier alleine und noch bei dem Wetter?"

Der Junge blickte auf. „Hallo ich bin Felix und ich sitze einfach so hier rum."

Malu gluckste. „Das glaub ich dir nicht, keiner sitzt einfach so hier rum bei dem Wetter und schon gar nicht ein kleiner Junge."

Sophia legte den Kopf schief. „Mal ganz ehrlich, Felix, ich denke mir, du bist ausgebüxt oder du hast dich verlaufen. Sicher sucht man dich schon."

Felix grummelte. „Ach, ihr wisst gar nichts, es ist alles total doof."

„Erzähl uns doch mal, was doof ist und wir sagen dir dann, ob du recht hast", sagte Malu.

Felix überlegte „Naja, bei dem Wetter kann ich jetzt eh nicht weg, also kann ich auch mit euch reden. Alles ist doof, naja, fast alles. Wir machen hier Urlaub in einem kleinen Häuschen oberhalb der Klippen. Es fing schon heute Morgen an, ich stand auf und es regnete, dabei wollten wir im Meer schwimmen gehen. Papa sagte, wir machen es uns einfach im Haus bequem. Das fand ich total doof, da hab ich das Meer vor der Tür und soll im Haus bleiben. Also zog ich mir ne Jacke an und ging raus. Papa meinte wieder, es sei zu gefährlich, und holte mich wieder rein. Ich war so frustriert, dass mir Tränen aus den Augen liefen. Daraufhin sagte mein Vater, Jungen weinen nicht. Das frustrierte mich noch mehr, denn ich konnte nix dagegen tun, die Tränen liefen einfach. Ich ging in mein Zimmer, schaute zum Fenster raus und bekam einfach nur den Drang, rauszugehen. Als Mama und Papa sich für ein Stündchen hinlegten, schlich ich mich durch die Tür. Ich lief lange am Strand lang und dachte darüber nach, was Papa zu mir sagte. Irgendwann merkte ich, dass es immer mehr regnete und ich krabbelte in diese Höhle. Bin wohl eingeschlafen. Tja, und nun komm ich im Augenblick nicht zurück, denn im Dunkeln ist es zu gefährlich."

Sophia schüttelte den Kopf. „Ok, das habe ich alles verstanden, doch warum bist du eigentlich rausgelaufen, was war das für ein Drang, der dich nach draußen zog?"

Felix schniefte. „Papa sagte, Jungen weinen nicht. Ich war so wütend auf Papa, weil er das gesagt hat, und auf mich, weil ich geweint habe. Ich weiß ganz genau, dass Papa auch schon geweint hat, damals, als Oma starb. Ich fand das einfach gemein, was er sagte, deshalb bin ich weggelaufen. Ich wollte ja wieder zurück."

Jetzt schüttelte Malu den Kopf. „Weißt du, ich denke, dass dein Vater es gar nicht so gemeint hat, manchmal sagen Erwachsene zu ihren Kindern etwas, ohne darüber nachzudenken, dass sie diese damit verletzen können."

Sophia schmunzelte. „Ich finde es nicht schlimm, wenn man weint und auch Jungen dürfen weinen."

Es raschelte am Eingang und eine große Schildkröte kroch herein. „Hallo, ist da jemand?"

Malu grinste. „Hey, ist das Horacia, wir haben uns schon lange nicht gesehen."

Horacia lachte. „Malu und Sophia, welch eine Freude, was hat euch hierher getrieben?"

Sophia sprach: „Wir sind den Regentropfen gefolgt und dann sind wir hier in dieser Höhle gelandet und haben Felix gefunden, einen kleinen Flüchtling. Sein Papa war gemein zu ihm."

Horacia lächelte. „Was hat der Papa denn getan?"

Felix grummelte: „Er hat zu mir gesagt, Jungen weinen nicht."

„Ah, das alte Lied, viele denken, Tränen zeigen Schwäche, doch im Gegenteil, Tränen sind Stärke, Stärke, seine Gefühle zu zeigen. Leider ist es einfacher zu sagen, Jungen weinen nicht, denn dann muss sich niemand mit der Frage beschäftigen, warum man es tut und was für Gefühle dahinterstecken."

Felix schnaubte. „Das ist doch voll doof. Doch du hast recht, er sagte das nur und ließ mich stehen. Er fragte nicht mal, warum mir die Tränen über das Gesicht liefen."

Malu verdrehte die Augen „Wieder mal typisch Erwachsene, schnell ne doofe Aussage und sich dann aus der Situation rausziehen."

Horacia zwinkerte. „Ich möchte euch gerne eine Geschichte erzählen, lasst uns alle am Eingang sitzen, dann können wir den Regentropfen lauschen und dem Gesang des Meeres, während ich erzähle."

Alle machten es sich am Eingang bequem und Horacia fing zu erzählen an.

„Vor langer Zeit saß ein Mädchen am Meer auf einem Felsen. Es versuchte krampfhaft, nicht zu weinen. Eine einzelne Träne tropfte in die Wellen und nun schwamm sie alleine durch den großen Ozean. Sie war traurig und einsam. Sie ließ sich mit den Wellen treiben, immer weiter. Doch plötzlich sah sie vor sich ein Leuchten und schwamm darauf zu. Es glitzerte und funkelte. Es kam von oben und es sah aus, als würden viele kleine Diamanten auf die Wellen treffen.

„Hallo, seid ihr auch Tränen?", fragte sie.

„Nein, wir sind Regentropfen", bekam sie zur Antwort.

„Was sind Regentropfen?"

Die Regentropfen schauten sie an. „Weißt du, wir sind vieles, wir stehen für Macht, wenn wir zu viele sind, dann können wir zerstören, doch wir stehen auch für Freude und Leben, denn wir bringen der Natur Nahrung, dass sie wachsen kann. Manche freuen sich, wenn sie uns sehen, und andere wiederum schimpfen, wenn wir kommen. Doch am Ende bringen wir Leben und frischen Atem für die Natur. Selbst hier im Ozean bringen wir Reinigung und Erfrischung."

Die Träne dachte über das Gesagte nach. „Dann bin ich so wie Ihr, auch ich stehe für Freude, doch auch für Leid, Schmerz und Frust. Manchmal fließe ich aus Trauer und Schmerz, dann wieder, weil jemand sich ärgert, doch oftmals auch aus Freude. Ich habe mich rausgeschmuggelt, denn ich sollte nicht fallen, doch gerne wäre ich aus Freude geflossen."

Die Regentropfen lachten. „Wir haben so viel gemeinsam. Doch warum bist du alleine?"

Die Träne überlegte. „Das kommt daher, dass niemand mehr weint, sie sehen das als Stärke an, ihre Tränen zu verbergen und zurückzuhalten. Nur einzelne von uns finden ihren Weg in die Freiheit."

Die Regentropfen schauten ganz entsetzt. „Das ist schlimm, so ist es doch etwas Schönes, Befreiendes, Tränen zu vergießen, egal, aus welchem Grund."

„Wir geraten in Vergessenheit, viele wissen nicht mehr, wie man weint, weil sie ihre Gefühle nicht zugeben." Die Träne schwieg eine Zeit lang. „Wisst ihr, ich bringe so viel Kraft, doch keiner merkt es. Wenn man es genau nimmt, bringe ich, egal, aus welchem Grund ich fließe, immer Erleichterung und Freiheit. Ihr Regentropfen seid wie Tränen, nur dass ihr einfach fallt, ohne nachzudenken."

Die Regentropfen schmunzelten. „Ja, wir sind Tränen des Himmels, denn dort wird nicht darüber nachgedacht, ob wir fallen oder nicht, wir tun es einfach. Kleine Träne, schließ dich uns an, bald wird die Sonne uns zurückholen in den Himmel und dann kannst du mit uns fallen."

Die Träne freute sich und schwamm mit den Regentropfen mit. Einige Tage später bemerkte sie einen Sog, sie wurde emporgezogen in den Himmel. Es war traumhaft schön. Sie hatte noch nie etwas Vergleichbares gesehen. Dann kam der Tag, auf den sie gewartet hatte, sie fiel mit den Regentropfen hinab zur Erde. Sie brach durch die Wolken, sah das Meer vor sich und mitten in den Wellen stand das Mädchen, reckte die Arme in die Luft und lachte. Aus ihren Augen rollten Tränen. Die Träne schwebte darauf zu und tauchte ins kühle Nass. Da waren sie, die Tränen der Freude, und sie schwamm zwischen ihnen, vermischte sich mit den Regentropfen und tanzte durch die Wellen. Da verstand sie, Tränen sind Regentropfen der Seele."

Horacia schaute alle an. Felix überlegte und schaute in den Regen. „Schaut sie euch an, sie fallen und niemand kann sie aufhalten. Genau wie ich die Tränen heute Morgen nicht aufhalten konnte. Mir ging es danach auch etwas besser, wenn mich auch die Aussage meines Papas verstört hat."

Malu glückste. „Du hast einfach deinen Gefühlen freien Lauf gelassen, dadurch hast du dich befreit. Tränen zu vergießen ist keine Schwäche und auch nicht nur den Mädchen vorbehalten. Jeder darf weinen, ob alt oder jung, als Junge oder

Mädchen, das ist egal. Tränen sind die Regentropfen der Seele, wir brauchen uns nicht deswegen zu schämen. Im Gegenteil, sie befreien uns und machen uns glücklich."

Felix lauschte. „Ich höre Papa nach mir rufen, sicher hat er sich viele Sorgen um mich gemacht." Er krabbelte aus der Höhle und lief seinem Papa entgegen. Dieser schwang ihn hoch und lachte und weinte zugleich. Er drückte Felix fest an sich, ihm liefen die Tränen über das Gesicht. Felix hob den Kopf. „Papa, Jungen weinen nicht."

Ganz entsetzt schaute der Vater seinen Sohn an. „Ja, du hast recht, ich war feige ich wollte deinen Schmerz nicht sehen, doch nun, da ich dich wiederhabe, möchte ich dir eine Geschichte erzählen, die ich als kleiner Junge einmal gehört habe ..."

Felix lachte „Die Geschichte von der Träne und den Regentropfen ..."

Der Vater stutzte. „Du kennst sie ..."

„Papa, schau in die Wogen des Meeres dort schwimmen Tränen und Regentropfen gemeinsam umher."

Felix drehte sich zur Höhle um und winkte. Malu, Sophia und Horacia winkten zurück.

Malu schnaubte. „Es ist immer wieder schön, wenn wir jemandem helfen konnten, etwas besser zu verstehen. Doch eines verstehe ich immer noch nicht an der Geschichte. Warum stand das Mädchen im Meer und lachte unter Tränen."

Horacia schmunzelte. „Nennen wir es Euphorie, sie war einfach glücklich. Warum, das spielt keine Rolle, wichtig ist nur, dass sie ihren Tränen freien Lauf ließ. Es sind die mächtigsten Tränen, die es gibt, die Tränen der Freude, denn diese lassen sich am wenigsten zurückhalten."

Sophia seufzte. „Malu, man weint eher aus Freude als aus Schmerz. Das ist leider die falsche Denkweise der Menschen. Seinen Schmerz, sein Leid und seine inneren Ängste durch Tränen zu reinigen, sehen sie als Schwäche an, obwohl dies eine Stärke wäre. Denn sie würden zu ihren Gefühlen stehen und ihre Seele damit erleichtern. Freudentränen zu vergießen bedarf keiner Überlegung, die Macht der Freude und Liebe ist stärker, sie lässt die Tränen einfach fließen."

Malu schüttelte den Kopf. „Typisch da wollen sie alle so stark sein und doch sind sie so schwach, wenn sie nicht mal erkennen, was ihnen gut tut."

Horacia lachte laut auf. „Ich verabschiede mich, macht es gut, bis zum nächsten Mal." Sie schlich davon.

Sophia schaute Malu an. „Schau, alle bringen sie Leben, Regentropfen wie Tränen."

Sie flogen empor und Malu sah am Strand Felix und seinen Papa im Regen sitzen. Er flatterte darauf zu und flog mit Sophia Kreise um die beiden. Sie lachten, Felix streckte die Arme in die Luft und Malu sah, dass ihm Tränen über die Wangen liefen und sich mit den Regentropfen vermischten. Genau so sollte es sein, so werden Seelen gereinigt. **Einfach mal vor Freude weinen.**

Mal sehen was du noch von Horacia der Schildkröte weist. Hier sind die Adjektive durcheinander geraten. Finde sie heraus. Eines passt nicht, streiche es.

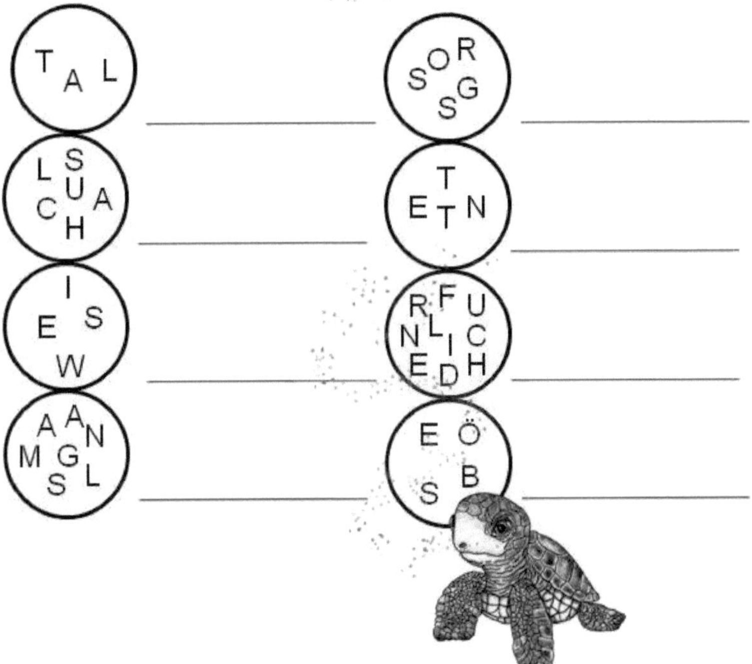

T A L _______________

L S U A C H _______________

I E S W _______________

A A N M G L S _______________

S O S G R _______________

T E T N _______________

R F U N L I C E D H _______________

E Ö S B _______________

Bärenjagd

Wisal, der Waschbär, stolperte durch den Wald. Er hatte es sehr eilig. Als er in die Nähe der Höhle kam, rief er schon laut; „Mirkoooo, weck Malu auf – Mirkoooo!"

Mirko krabbelte herbei und sah Wisal entgegen. „Was machst du für ein Geschrei? Es ist noch früh am Abend, da kann ich Malu noch nicht wecken. Du musst dich noch ein Stündchen gedulden."

Wisal flitzte näher. „Mirko, es ist aber wichtig, ich brauche Malu."

Mirko schüttelte den Kopf. „Was ist denn los? Kann das nicht noch etwas warten."

Wisal schnaubte. „Also, es geht um Leben und Tod. Am kleinen See foltern die Biber einen Bären."

Mirko stutzte. „Wisal, einen Bären gibt es bei uns nicht, und wenn, dann wäre es umgekehrt. Ein Bär ist stärker als ein Biber."

Wisal verdrehte die Augen. „Ich hab es genau gesehen, es ist ein Bär und sie stopften ihn als Füllmaterial in ihre Biberburg. Er quickte fürchterlich."

Mirko überlegte. „Ok, ich hole Malu, mal sehen, was er dazu sagt?" Schnell krabbelte er in die Höhle „Maluuuuu, ich glaube, jetzt hat es Wisal erwischt, er redet völlig wirres Zeug."

Malu reckte sich und schaute zu Mirko. „Wann macht er das mal nicht?", schmunzelte er. „Dann lass uns mal schauen, wie ernst die Lage ist."

Malu flatterte zum Ausgang und flog um Wisal herum. Dieser tigerte hin und her, raufte sich den Kopf und grummelte vor sich hin.

„Wisal, hey, was ist los mit dir? Warst du zu lange in der Sonne?“

Wisal schaute auf. „Malu, ich war gar nicht in der Sonne, sie schien heute nicht, das ist aber jetzt auch egal. Du musst mitkommen und alle mitbringen. Wir müssen einen Bären retten.“

Malu landete. „Einen Bären? Echt? Einen echten Bären? Wo ist der denn entlaufen?“

Wisal verdrehte die Augen. „Was weiß ich, ich konnte ihn nicht fragen. Die Biber haben ihn in ihrer Gewalt und sie foltern ihn, ich habe die Schreie gehört. Dann bin ich gleich zu dir gelaufen, denn alleine konnte ich ihn ja nicht retten.“

Malu schaute zu Mirko und kniff ihn ein Auge zu. „Ok, Wisal, dann wollen wir mal zu Imani, dem Bussard, und ihn als Verstärkung mitnehmen, er ist viel größer und gefährlicher als wir, sicher kann er uns helfen. Ach, und Sophia nehmen wir auch mit. Nimm du Mirko mit, bei dir kann er es sich im Fell bequem machen. Ich fliege schon mal voraus, wir treffen uns am See.“

Wisal schaute Malu nach. „Mirko, auch wenn ihr denkt, ich bin verrückt, doch ich habe einen Bären gesehen, ganz ehrlich.“

Mirko schmunzelte. „Komm, lauf los, wir schauen nach, was die Biber gefangen halten.“

Beide machten sich auf den Weg durchs Unterholz. Malu flog an der großen Eiche vorbei und winkte Sophia zu, ihm zu folgen, und flatterte dann geschwind zu Imani, der seinen Platz am See hatte. Dort ließen sie sich auf der großen Buche nieder. Imani rauschte herbei. „Guten Abend, ihr seid früh dran, was ist los?“

Malu grinste. „Also, Wisal sagt, die Biber foltern einen Bären und halten ihn gefangen.“

Imani und Sophia brachen in Gelächter aus. „Einen echten Bären, haha, und die Biber halten ihn gefangen, hahaha." Imani schüttelte sich vor Lachen. Sophia wischte sich mit dem Flügel die Lachtränen aus den Augen. „Typisch Wisal, wer weiß, was er gesehen hat."

Malu grummelte. „Also, er kommt gleich mit Mirko hierher und dann werden wir zusammen versuchen seinen Bären zu befreien. Vielleicht ist er ja nur einsam und braucht jemanden zum Spielen. Ihr wisst, er hat eine rege Fantasie, also nehmt ihn ernst und versucht nicht zu lachen."

Kaum hatte Malu ausgesprochen, flitzte schon Wisal herbei. „Huhu, kommt schnell, ich zeige euch, wo. Er hat so ge-quickt, als die Biber ihn sich schnappten."

Alle warfen sich Blicke zu und folgten dann Wisal hinterher. Er flitzte ans andere Ende des Sees, wo die Binsen sehr hoch standen und auch einiges an Treibholz im See lag. „Pssst, kommt vorsichtig näher von hier aus habe ich es be-obachtet."

Die drei glitten lautlos zu einem abgebrochenen Ast und ließen sich darauf nieder. Seitlich von ihnen raschelte es und Wisal zeigte mit seinen kleinen Pfoten Richtung Wasserrand. „Schaut, dort ist die Biberburg und da seht ihr auch ein Stück Bär heraushängen."

Malu schaute angestrengt zu der Burg. „Also, ich sehe nur das übliche Kunstwerk der Biber, ansonsten nix Auffälliges, vor allem keinen Bären."

Wisal seufzte. „Menno, die werden ihn ja nicht draußen zur Bewunderung hinstellen, die haben ihn bestimmt in ihre Burg geschleppt, und wenn du genau hinschaust, siehst du auch eine Pfote, die da raushängt."

Malu schaute Mirko an. „Sei so lieb, du bist der Kleinste, krabbel mal rüber und spioniere die Lage aus."

Mirko machte sich auf den Weg, krabbelte auf die Biberburg und schaute sich um. Dann kam er wieder zurück. „Also ich sehe und höre nix Ungewöhnliches."

Sophia flüsterte: „Achtung, die Biber sind im Anmarsch, duckt euch."

Alle machten sich ganz klein. Vor ihnen paddelten zwei Biber durchs Wasser und schleppten Äste hinter sich her. Der eine stutzte plötzlich, drehte sich um und kam genau auf die Freunde zu. „Hey, ihr braucht euch nicht zu ducken, wir haben euch schon gehört. Was macht ihr hier?"

Wisal ging in Kampfstellung. „Wir fordern die Herausgabe des Bären, den ihr gefangen haltet und foltert."

Malu verdrehte die Augen. „Wisal, so macht man sich keine Freunde, erst nachdenken, dann handeln."

Die Biber fingen schallend zu lachen an. „Bären … sagtest du gerade Bären, wir haben einen Bären gefangen. Sag mal, Waschbär, meinst du einen deiner Artgenossen oder einen richtigen Bären?"

Wisal schnaubte. „Haha, ich habe euch beobachtet, ihr habt ihn durchs Wasser zu eurer Burg geschleppt und er hat gequickt, und, ja, einen richtigen Bären."

Die Biber lachten noch mehr. Imani versuchte sein Grinsen zu verbergen und räusperte sich mit tiefer Stimme. „Passt auf, was haltet ihr davon, wenn wir einfach mal nachsehen? Wenn ihr keinen Bären gefangen haltet, habt ihr nichts zu befürchten und wir sind schnell wieder weg."

Malu zwinkerte den Bibern zu und diese lachten wieder. „Wisst ihr was, zeigt uns doch, was ihr in den letzten zwei Stunden in eure Burg geschleppt habt. Wenn da kein Bär dabei ist, dann ist alles gut."

Die Biber tuschelten miteinander. „Gut machen, wir, Moment wir sind gleich wieder da."

Die Biber schwammen davon. Kurz darauf schleppten sie Äste, Grünzeug und etwas an, das wie ein riesiger nasser Sack aussah. Wisal schrie auf. „Da, er ist tot, sie haben ihn umgebracht."

Alle schauten auf den komischen Sack, der im Wasser schwamm, auch die Biber stutzten. „Wo?", fragten alle wie aus einem Mund und schauten Wisal an.

„Seid ihr blind, ich sehe doch die Ohren." Er huschte ins Wasser und schnappte sich das sackartige Ding und zog es an Land. Als es aus dem Wasser ragte, erschienen zuerst Ohren, dann eine Bärenschnauze mit Augen und ein riesiger Körper. Alle schauten sie Wisal zu, wie er versuchte, den Bären wiederzubeleben. Er hieb auf seinen Bauch und da quickte der Bär und Wisal hüpfte erschrocken zurück. „Er lebt, kommt helft mir doch."

Malu schaute Sophia und Imani an. „Äh, Wisal, der ist nicht echt, das ist ein Plüschteddybär."

Wisal schaute auf den Bären, dann zu seinen Freunden und wieder auf den Bären. „Ähm, er hat doch gerade ge- quickt."

Die Biber bogen sich vor Lachen. „Mensch, ist der doof, der will einen Plüschbär zum Leben erwecken."

Imani schmunzelte. „Also, lasst uns doch mal vernünftig darüber nachdenken. Es ist ein Plüschteddy doch irgendwo- her kommt er und sicher hat er jemanden, der ihn vermisst."

Sophia überlegte. „Sagt mal, wo habt ihr ihn gefunden?"

Die Biber überlegten. „Naja, er trieb heute Nachmittag am anderen Ende des Sees und da haben wir ihn mitgenom- men, dachten, er ist gut zum füllen unserer Burgmauern."

Mirko verdrehte die Augen. „Ist euch nicht der Gedanke ge- kommen, dass er vielleicht vermisst wird?"

Beide Biber schauten sich an. „Ups, daran haben wir nicht gedacht."

Wisal machte sich am Bären zu schaffen und versuchte, das Wasser heraus zu drücken. Er knautschte ihn in allen Richtungen. „Ha, schaut, jetzt sieht er wieder etwas besser aus." Er untersuchte den Bären von allen Seiten, er trug einen Schal um den Hals. „Schaut mal, da steht etwas drauf."

Sophia kam näher. „Zeig mal. Also, ich lese Sirius, das bedeutet Stern, doch mehr steht da nicht."

„Mmh Sirius, sicher heißt der Bär so. Wir müssen versuchen, seinen Besitzer zu finden. Er kann ja nicht hier bei den Bibern bleiben", sagte Mirko.

Wisal schlang seine Arme um den Bären und drückte ihn an sich. „Ich kann ihn doch behalten und auf ihn aufpassen. Vielleicht wollte ihn ja niemand mehr und man hat ihn einfach im See entsorgt."

Malu seufzte. „Wisal, erstmal versuchen wir jemanden zu finden, und wenn sich keiner findet, darfst du ihn behalten. Doch bis wir unsere Suche abgeschlossen haben, darfst du auf ihn aufpassen."

Wisal versuchte den Bären hinter sich her zu ziehen, er stolperte mehr, als dass er vorwärts kam.

„Dann macht es mal gut und wenn ihr wieder etwas findet, das komisch aussieht, dann sagt uns bescheid." Malu winkte den Bibern zu und flatterte mit Imani und Sophia zur Buche. „So, was machen wir jetzt? Wenn es nach Wisal geht, möchte er seinen geretteten Freund behalten", überlegte Imani.

„Nein, das geht nicht, lasst uns zur Siedlung fliegen und uns umhören, vielleicht wird der Bär ja schon vermisst", sagte Malu. Sophia und Malu flogen auf und Imani beobachtete Wisal, der verzückt am Seeufer mit dem Bär spielte. Mirko krabbelte den Stamm hoch. „Imani, schau ihn dir an, wie sollen wir ihm den Bären wieder wegnehmen, wenn sich ein Besitzer gefunden hat? Er scheint so glücklich zu sein.“

Imani schmunzelte. „Kommt Zeit, kommt Rat, noch ist es nicht so weit.“

Sophia und Malu erreichten die Baumgrenze und sahen dass einige Menschen mit Laternen Richtung Wald liefen.

„Was ist da los? Schau, Sophia, da sind Aylin und Jaro. Wollen wir sie fragen?“ Malu flog zu den beiden Kindern, die etwas abseits der Erwachsenen liefen. „Hallo, was passiert hier?“, fragte er.

Aylin schaute empor. „Ach, Malu und Sophia, guten Abend, schön, dass wir euch treffen. Es ist etwas Schreckliches geschehen. Sirius wird vermisst.“

Malu schaute Sophia an. „Sirius, kennen wir den?“

Jaro schaute auf. „Denke ich nicht, doch ihr kennt Cody. Er war heute Nachmittag mit seinen Eltern und seinem einjährigen Bruder Colin am See im Wald picknicken und dabei ging Sirius verloren. Nun schreit der Kleine die ganze Zeit und kann nicht schlafen. Also haben wir uns auf den Weg gemacht, um Sirius zu suchen.“

Sophia seufzte. „Sagt mal, was oder wer ist Sirius?“

Aylin lachte. „Ach, Sirius ist sein Teddybär.“

Von der Seite kam Cody herbei. „Hallo ihr beiden, schön, euch zu treffen. Könnt ihr uns helfen den Bären zu finden? Mein kleiner Bruder kann nicht schlafen ohne ihn.“

Malu schaute Sophia an. „Cody, ja, wir wissen, wo Sirius ist, und zurzeit befindet er sich in Sicherheit. Wollt ihr mitkommen, dann bringen wir euch zu ihm.“

Die drei Kinder schauten sich an. „Klar wir folgen euch, fliegt voraus, wir sagen nur kurz Papa bescheid, dann kommen wir.“ Cody flitzte zu seinen Vater und sprach mit ihm, dieser strich ihm über den Kopf, reichte seine Laterne an

Cody weiter und schubste ihn zu seinen Freunden zurück. Cody kam herbeigerannt. „Also, kommt, Papa wartet hier auf uns."

Sie machten sich auf den Weg zum See. Kurz vorm See flatterte Malu zu den Kindern. „Bevor wir Sirius holen, möchte ich euch etwas zeigen. Schleicht bitte ganz leise hinter mir her."

Die Kinder ließen sich auf den Boden nieder und schlichen auf allen Vieren zwischen den Büschen hindurch, bis sie einen Blick auf das Ufer hatten. Malu und Sophia landeten lautlos neben ihnen. Alle schauten sie, was da vor ihnen geschah. Wisal saß am Ufer, knuddelte den Bären und sprach mit ihm. Dann ließ er sich neben ihm nieder, nahm ihn in seine Arme und streichelte seinen Pelz. „Seht ihr, da wird gleich jemand sehr unglücklich sein, wenn wir Sirius nach Hause holen", flüsterte Malu.

Cody flüsterte zurück. „Ja, das sehe ich. Wisal hat einen neuen Freund gefunden, doch was machen wir jetzt? Colin braucht dringend Sirius zurück."

Sophia seufzte. „So hart es auch klingt, doch wir müssen Sirius wieder zu Colin bringen. Vielleicht bringt es was, wenn Wisal mitgehen kann, und sieht, wie sich Colin freut, wenn Sirius wieder zuhause ist."

Aylin und Jaro schauten Cody an. „Das ist eine gute Idee, wir nehmen einfach Wisal auch mit. Dann kann er den Bären selbst zurückgeben, er hat ihn ja auch gerettet."

Malu flatterte auf zu Wisal. „Hallo Wisal, schau mal, wen wir mitgebraucht haben."

Wisal schaute auf und drückte den Bären noch fester an sich. „Hallo, warum kommt ihr mitten in der Nacht, das ist echt komisch."

Imani und Mirko stöhnten auf. „Das wird schwierig. Wisal, die drei sind hier, weil sie Sirius, den Bären, zu seinem Besitzer bringen wollen.“

Wisal sprang auf und drückte den Bären noch fester an sich. „Nein, ich habe ihn gerade erst gerettet, er kann mich noch nicht verlassen.“

Cody trat näher und setzte sich neben Wisal. „Schau, mein kleiner Bruder vermisst den Bären ganz sehr, er kann nicht schlafen und schreit die ganze Zeit. Er ist erst ein Jahr alt.“

Wisal starrte Cody an. „Dann soll dein Papa ihm einen neuen Bären schenken, dann kann Sirius bei mir bleiben. Dein Bruder hat auch noch dich, doch ich habe nur den Bären.“

Cody seufzte. „Wisal, so einfach ist das nicht. Was hältst du davon, wenn du mitkommst und den Bären nach Hause bringst. Wenn du das Gefühl hast, dass er sich dort nicht wohlfühlt und nicht geliebt wird, können wir überlegen ob er wieder mit dir mit darf.“

Wisal überlegte, dann nickte er. „Ok, doch wenn er dort kein gutes Zuhause hat, dann nehm ich ihn wieder mit.“

Alle atmeten auf, immerhin ein Anfang. Sie machten sich alle auf den Weg, denn sie wollten Wisal nicht alleine lassen. Cody nahm Wisal auf die Arme, da dieser den Bären nicht loslassen wollte und mit Bär nicht vorwärtskam. Als die drei Kinder am Waldrand ankamen, wartete dort schon Codys Papa mit einer Laterne auf sie. „Cody, wen bringst du da mit?“

„Papa das ist Wisal, er hat Sirius gerettet und nun möchte er sehen, dass er es auch gut bei Colin hat.“

Wisal schaute Codys Papa an. „Und wenn er es nicht gut hat, nehm ich ihn wieder mit.“

Codys Papa schmunzelte. „Okay, dann soll es so sein. Doch jetzt kommt, es ist schon mitten in der Nacht und so langsam muss mal Ruhe einkehren."

Sie machten sich auf den Weg zu Colin. Als sie sich dem Haus näherten, hörten sie schon das schluchzende Geräusch von Colin. Malu, Sophia und Imani flogen rauf zum Balkon und Mirko krabbelte von Sophia herunter. Die Kinder gingen ins Haus mit Wisal und dem Bären. Als sie im Zimmer ankamen, hob Colin, der im Arm seiner Mama lag, den Kopf. Als er seinen Bären entdeckte, streckte er die Ärmchen aus. Cody trat näher.

„Schau, Colin, hier ist Sirius und er hat einen neuen Freund gefunden der ihn gerettet hat. Das ist Wisal, der Waschbär."

Wisal schaute sich mit großen Augen um. Überall waren Regale voll mit Plüschtieren. Cody setzte Wisal auf den Boden, er hatte immer noch den Bären umschlungen. „Warum braucht er Sirius, wenn er doch hier so viele andere Plüschtiere hat?", fragte Wisal.

Cody schmunzelte. „Weißt du, Sirius ist sein Lieblingsteddy, man hat immer diesen gewissen einen und der ist ausschlaggebend. Egal, wie viele man hat, es ist egal, fehlt der Besondere, geht die Welt unter."

Wisal schnaubte. „Ich finde das nicht richtig, Sirius ist für mich auch etwas Besonderes. Ich habe keine anderen, nur Sirius." Cody ging zum Fenster und ließ die anderen Freunde herein. Colin jauchzte auf, als er die Tiere sah. Seine Mutter staunte und schaute verwundert alle an. Malu landete auf der Bettdecke und sah Wisal an. „Komm, gib den Teddy zurück, er gehört nicht dir. Du siehst nun, dass er ein schönes Zuhause hat und geliebt wird."

Wisal wischte sich die Augen. „Ich finde das so gemein, es ist mein erster wirklicher Freund."

Sophia schmunzelte. „Wir sind auch deine Freunde, du brauchst den Bären nicht."

Wisal ging näher an Colin heran. „Ja, jedoch, seid ihr nicht immer da und Sirius wäre immer bei mir. Aber gut, hier hast du ihn."

Colin streckte die Hände nach dem Teddy aus und drückte ihn an sich. Er strahlte und lachte. Vergessen waren alle um ihn herum und es dauerte nicht lange und er schlief ein. Wisal wischte sich erneut die Augen, drehte sich um und flitzte zur Tür hinaus. Cody seufzte. „Armer Wisal, er hat ihn wirklich lieb gehabt."

Aylin und Jaro, die alles still beobachtet hatten, schauten alle an. „Sagt mal, ist es nicht üblich, dass man einen Finderlohn bekommt, wenn man etwas verloren gegangenes wiederfindet?", fragte Aylin.

Codys Eltern schauten sie verblüfft an. Sein Papa drehte sich um und ging aus dem Zimmer. Kurz darauf kam er zurück und hatte einen kleinen Waschbären aus Plüsch in der Hand. „Diesen wollten wir eigentlich Colin zu Weihnachten schenken, doch ich denke, dass er nun dringender gebraucht wird."

Er reichte den Bären den Kindern. Ein klein wenig sah er wie Wisal aus. Imani, Malu und Sophia flogen aus dem Fenster. Die Kinder rannten aus dem Haus hinter Wisal her. Malu sah Wisal langsam über das Feld Richtung Wald schlurfen. Er brummelte vor sich hin und er sah sehr traurig aus. „Alles doof, ich werde nie mehr lachen, es ist so gemein …"

Malu flatterte vor ihn. „Wisal, warte mal, die Kinder wollen noch etwas von dir."

„Ach was sollen sie schon wollen? Sie haben den Bären wieder und ich geh allein zurück zum See." Er lief weiter.

„Jetzt bleib schon stehen, du sturer Waschbär, hör dir wenigstens an, was sie zu sagen haben.“

Genervt setzte sich Wisal ins Feld und wartete, bis die Kinder näherkamen. Cody hatte die Arme hinter dem Rücken und ging auf ihn zu. „Wisal, Danke, dass du den Bären Colin wiedergegeben hast. Das war echt stark von dir.“

Wisal grummelte und Cody trat noch etwas näher. „Weißt du, wenn man etwas zurückgibt an seinen Besitzer, das dieser verloren hat, bekommt man dafür einen Finderlohn.“

Wisal schaute auf. „Na toll, was soll ich mit Geld?“

Jaro lachte. „Es muss nicht Geld sein, es heißt nur Finderlohn und Colins Eltern möchten dir gerne etwas dafür schenken, dass du die Kraft aufgebracht hast und so mutig warst, Sirius vor den Bibern zu retten und ihn zurückzubringen.“

Cody holte den kleinen Plüschwaschbären hinter seinem Rücken hervor und streckte ihn Wisal entgegen. „Hier ist jemand, der dringend ein gutes Zuhause sucht und gerne mit dir mitgehen möchte.“ Mit großen Augen starrte Wisal auf den Bären, langsam kam er näher und streckte seine Pfoten nach ihm aus. „Wow, der sieht ja aus wie ich und ich darf ihn wirklich behalten?“

Malu lachte. „Ja, den Kleinen darfst du behalten, als Dank für deinen Einsatz.“

Wisal nahm vorsichtig den Waschbären entgegen. Er hatte genau die richtige Größe, dass Wisal ihn problemlos tragen konnte. Kaum in seinen Armen drückte er ihn fest an sich. Alle schauten ihn erwartungsvoll an. „Danke, vielen, vielen Dank, nun habe ich auch einen eigenen Teddy, nur für mich alleine.“

Die Kinder winkten Wisal und den Freunden hinterher und gingen zurück zum Haus. Sophia wischte sich eine Träne aus den Augen. „Ich hole jetzt Mirko ab und dann treffen wir uns noch kurz am See."

Imani und Malu flogen voraus. Am See angekommen schauten sie Wisal zu, wie er seinem neuen Kumpel alles zeigte und mit ihm redete. Imani schmunzelte. „Was für eine aufregende Nacht mit einem glücklichen Ende."

Sophia flog mit Mirko herbei und alle saßen sie da und hörten Wisal zu, wie er mit seinem Teddy sprach. Plötzlich stutze Malu. „Was erzählt er ihm da, habe ich richtig gehört."

Alle brachen in Gelächter aus und Sophia spreizte die Flügel. „Ja Malu, er hat gerade gesagt, er wird jetzt viele verlorene Dinge finden und zurückbringen, denn er braucht viele Freunde für seinen Plüschteddy."

Mirko schmunzelte. „Na das kann ja toll werden. Mal sehen was er als nächstes findet."

 **Male mir einen Hintergrund**

Ordne die Eigenschaften zu.

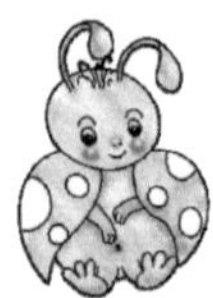

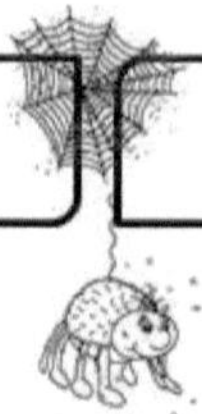

großes Herz | verspielt | schlau

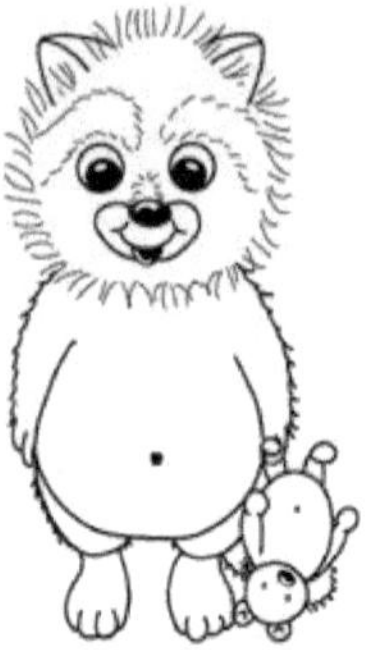

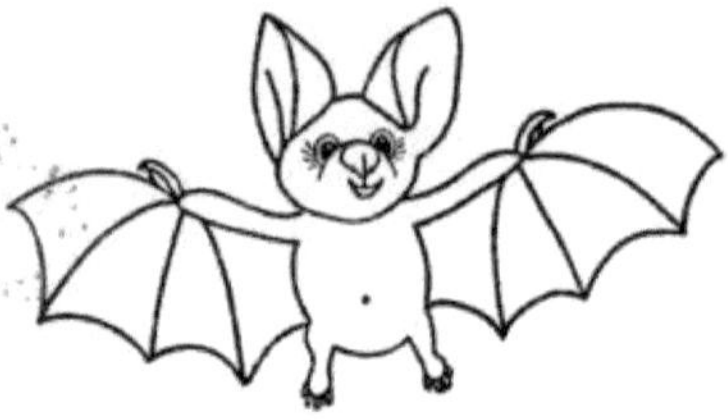

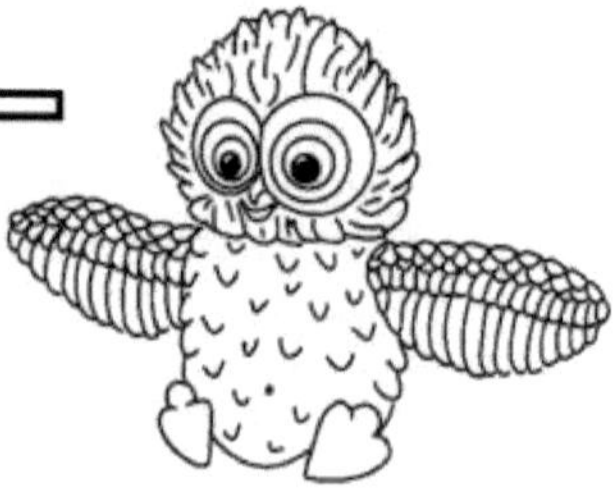

wahre Freunde

Die Sonne war schon ganz verschwunden am Horizont, als sich Malu endlich regte. Er streckte sich und flatterte durch die Höhlengänge, nahm hier und da im Flug ein paar Insekten zu sich und flog dann hinaus zum Höhlenplateau. Dort ließ er sich nieder, setzte sich an die Kante und wedelte mit seinen Schwingen hin und her. Mirko krabbelte heran. „Guten Abend Malu, was ist los mit dir, heute nicht im Wald unterwegs?"

Malu schaute auf. „Guten Abend, Mirko, nein, heute flieg ich nicht raus. Ich habe festgestellt, dass ich es doof finde, dass du immer alleine hier bleiben musst, da du nicht fliegen kannst. Sophia fliegt mit mir, doch du kannst das nicht und wir sind Freunde."

Mirko schaute nachdenklich drein. „Malu, das macht nichts, ich bin das doch gewohnt und du kommst ja immer wieder zurück."

„Ich sehe das anders, man muss sich Zeit für seine Freunde nehmen, also mache ich das heute Nacht, mal sehen, sicher kommt Sophia auch vorbei, dann können wir zu dritt etwas unternehmen."

Mirko krabbelte neben Malu und schaute ihn an. Aus dem Wald erscholl der Ruf von Sophia und schon war sie da. „Guten Abend, ihr zwei. Malu, heute nicht unterwegs?" Sie ließ sich neben den beiden nieder.

„Nein, heute nicht, ich habe beschlossen, den Tag meinem Freund Mirko zu widmen. Es ist doch doof, wir beide fliegen immer neuen Erlebnissen entgegen und er muss hierbleiben, weil er nicht fliegen kann. Gut, ab und zu nimmst du ihn mit, doch das wiegt es nicht auf. Also, finde ich, sollten wir beide heute hier bleiben und Mirko Gesellschaft leisten."

Sophia legte den Kopf schief. „Tja, ok, und was machen wir? Die Nacht ist lang."

Alle drei saßen sie nun schweigend da und jeder für sich überlegte. Mirko sprach als Erster. „Ich finde wir könnten … tja, was?" er schüttelte den Kopf. „Ich weiß nicht, was … das ist doch doof, fliegt ihr hinaus und ich webe ein paar Netze und wenn ihr wiederkommt, könnt ihr mir davon erzählen."

Malu schaute grimmig. „Nein, nein und nochmal nein, es ist heute dein Tag, der Tag der Freundschaft. Dazu habe ich ihn gemacht und es kann doch nicht so schwer sein, etwas zusammen zu unternehmen, wenn man wie wir so eine dicke Freundschaft haben."

Sophia plusterte sich auf. „Ihr beide seid so komisch, nicht reden zeichnet eine Freundschaft aus, sondern miteinander schweigen zu können. Das, was wir drei zwischen uns haben, ist sehr kostbar und selten. Eigentlich benötigen wir keine Worte, um uns zu verstehen."

Malu seufzte. „Keine Worte … was dann?"

Sophia machte es sich bequem. „Lasst mich euch eine Geschichte erzählen, eine Geschichte von der wirklich wahren Freundschaft."

Mirko und Malu machten es sich ebenfalls gemütlich und lauschen gebannt, was Sophia erzählte. „Wie ihr wisst, fangen gute Geschichten mit *es war einmal* an und so werde ich sie auch beginnen. Also, es war einmal vor langer Zeit in einem fernen Land ein kleines Mädchen. Sie wurde geboren in einem sehr guten Zuhause mit Schwestern, Eltern und Großeltern. Doch sie war anders. Ihr fragt sicher, wie anders. Tja, also, sie war schon als kleines Kind lieber für sich. Sie sprach wenig wurde deshalb aufgezogen, doch sie wollte einfach nicht sprechen. Sie fand es besser zu schreiben. Schreiben konnte sie ohne unterbrochen zu werden und ohne dass man das widerlegte, was sie sagte. Sie liebte die Natur und ging oft mit ihrem Großvater in den Wald. Dort schnitze er ihr Spazierstöcke und zeigte ihr die Tiere und Pflanzen des Waldes. Oftmals gingen sie nur schweigend nebeneinander. Er war es auch, der ihr das erste Buch zum Schreiben schenkte. Ich glaube, er sah dem Mädchen schon damals in die Seele und erkannte, dass sie ein tiefgründiger Mensch werden würde. Das Mädchen wuchs heran, wurde älter, jedoch hatte es Bekannte, ja, einige, doch wirklich echte Freunde, nein, immer wieder wurde sie enttäuscht, hintergangen und verspottet. Was ihr blieb, war das Schreiben und Lesen. Sie verschlang Bücher und schrieb ihre Träume, Sorgen und Ängste auf. Sie verbrachte viel Zeit in der Natur und suchte dort ihre Kraft weiterzugehen. Irgendwas fehlte ihr in ihrem Leben. Die Liebe – nein, das war zu einfach. Denn geliebt wurde sie ja von ihrer Familie. Freiheit – ja nach dem Leben nicht mehr in ein Bild gepresst zu werden, wie sie andere haben wollten." Sophia machte eine Pause.

Malu fragte. „Und was hat das mit Freundschaft zu tun?"

„Warte mal, das kommt noch, doch müsst ihr auch wissen, was vorher geschah, sonst werdet ihr den Rest nicht verstehen", sagte Sophia. „Also, Freiheit war der besondere Wunsch, den sie hatte, doch was war Freiheit? Mit diesem Thema beschäftigte sie sich oft. Sie fühlte sich in ihrem Leben eingeengt und missverstanden. Je älter sie wurde, desto mehr musste sie die Erfahrung machen, dass vieles in einer Enttäuschung endete. Irgendwann dann reichte es ihr und sie sagte sich los, sagte Nein, denn damit fing Freiheit an. Sie kannte viele Menschen, doch als sie ging, waren es nur sehr wenige, die bei ihr blieben. Nicht neben ihr, jedoch in ihrem Inneren. Es wurden mit den Jahren immer weniger. Einsam war sie nie, sie liebte die Stille denn dann fand sie sich selbst. Sie konnte sein, wie sie wirklich war. Dann kam für sie ein harter Kampf nach dem anderen, eben das Leben holte sie ein. Doch immer stellte sich heraus, dass sie Menschen in ihrem Herzen hatte und kennenlernte, die sie so nahmen, wie sie wirklich war. Denn sie verstellte sich nicht mehr, sie war sie selbst. Es war komisch, doch der kleine Kreis, den sie nun Freunde nennen konnte, war mehr wert als die vielen vorher. Sie wohnten sehr weit auseinander, sahen sich selten, doch sie verstanden sich auch ohne Worte. Denn sie fühlten sich. Es waren Freundschaften, die über viele Kilometer hielten und in Leid und Not zusammen standen. Der eine fühlte, wenn es den anderen nicht gut ging. Sie vermisste sie oft und war traurig, dass sie so selten zusammenfanden, doch sie lernte den Wert dieser Freundschaften schätzen. Denn es war die schönste Seite der Freiheit, so geliebt und akzeptiert zu werden, wie sie wirklich war."

Mirko seufzte. „Wow, das muss schön sein, so im Herzen zueinander zu stehen, genau wie wir."

„Genau so ist es und wisst ihr, was die wichtigste Erkenntnis des Mädchens im Leben ist? Dass wahre Herzensfreundschaften das wichtigste sind, denn sie sind alles – Seelengefährten, Wegbegleiter, sie bringen Kraft, Trost, Hoffnung und Liebe und sie lassen einen nie allein. Denn auch wenn man sich nicht sieht, sie sind fest in einem verwurzelt. Wenige lernen je den Wert und die Kostbarkeit einer solchen Freundschaft kennen."

Malu lachte auf. „Wir drei hier sind Freunde im Herzen und in der Seele. Wir wissen, dass unsere Freundschaft was Kostbares und Einzigartiges ist. Gegenüber dem Mädchen sehen wir uns viel öfter."

Mirko kicherte. „Ja, und du glaubst, dass ich einsam bin, weil ihr so viel unterwegs seid. Da, schau mal, das Mädchen sieht ihre Herzensfreundinnen viel seltener, als wir uns sehen, und trotz allem hält die Freundschaft."

Sophia nickte. „Also habt ihr verstanden, was ich euch mit dieser Geschichte sagen wollte. Wichtig ist nicht, wie oft man sich sieht oder wie viel man zusammen redet oder unternimmt. **Wichtig ist, dass man auch zusammen schweigen kann und sich trotz allem nicht aus dem Herzen verliert.**"

Alle drei schauten sich an. „Seht mal zum Horizont, sind das schon die ersten Farben der Morgendämmerung?", fragte Malu.

„Du hast recht, jetzt haben wir eine ganze Nacht zusammen verbracht, so schnell verging die Zeit und wir haben es nicht mal gemerkt", sagte Sophia.

„Das kommt, weil du echt tolle Geschichten erzählen kannst, Sophia. Ich würde vorschlagen, dass wir die letzte Stunde, bevor der Mond sich schlafen legt, zusammen schweigen und der Sonne entgegen schauen."

Malu, Mirko und Sophia kuschelten sich aneinander und schauten dabei zu, wie das Mondlicht verblasste und die Sonne langsam aufstand. Sie waren Freunde, dick zusammengeschweißt, und jeder fühlte den anderen und konnte spüren, was der andere fühlte. Freunde für alle Zeiten im Herzen, in der Seele und im Miteinander. Als die Sonne immer mehr Strahlen in den Himmel warf, gingen sie schlafen und alle träumten sie denselben Traum, den Traum von der wahren Freundschaft.

Hast du eine beste Freundin oder einen besten Freund?
Trage sie/ihn hier ein.

____

Welche 3 positiven Eigenschaften haben sie? Schreibe sie unter Malu, Sophia und Mirko.

Fantasie

Die Nacht senkte sich herab. Doch in der Höhle blieb es ruhig. Was war da los? Mirko krabbelte ins Innere. „Malu, schläfst du noch?", flüsterte er leise.

Malu baumelte an seinem Felsvorsprung hin und her. „Nein, Mirko, ich überlege, wohin ich heute fliege. Irgendwie habe ich noch kein Ziel vor Augen und ich dachte so bei mir, es einfach etwas ruhig anzugehen."

Mirko grummelte vor sich hin: „Na toll und ich mache mir Sorgen, was mit dir los ist."

Malu breitete seine Schwingen aus und flatterte los. „So, Mirko, nun bin ich bereit, loszufliegen, auf in ein neues Abenteuer."

Er flatterte geschwind aus der Höhle in die Nacht hinein. Der Mond stand groß und rund am Himmel, es war Vollmond. Vereinzelte Wolken zogen vorbei und dazwischen leuchteten die Sterne. Der Wald wurde in das Licht des Vollmondes getaucht und es war ein fantastischer Anblick. Er flog an der großen Eiche vorbei, doch zu seinem Erstaunen fand er Sophia nicht wie gewohnt auf ihren Platz. Er überlegte, wo sie wohl sein mag. War er heute wirklich so spät dran? Schnell flog er zum Waldrand, wo die große Wiese begann. Auch dort fand er Sophia nicht. Er schaute sich suchend um, als er mitten auf der Wiese etwas Komisches bemerkte. Mitten drin lag jemand. Er flatterte näher und plötzlich stutze er. Da lag Sophia mitten auf der Wiese flach auf dem Rücken, die Flügel weit gespreizt und neben ihr lag ein … was war das für ein komischer Kauz?, fragte er sich. Schnell flatterte er zu ihr.

„Sophia, was liegst du hier so komisch rum?"

Sophia blinzelte. „Oh, Malu, schön, dass du auch kommst. Schau, wen ich kennengelernt habe. Das ist Luam, der Dachs.“

Luam schaute zu dem über ihm flatternden Malu auf. „Hi, Sophia hat mir schon von dir erzählt. Komm, leg dich zu uns.“

Malu stutzte. „Warum liegt ihr hier mitten in der Wiese auf dem Rücken rum?“ Er landete, ließ sich auf den Rücken fallen und streckte die Schwingen weit von sich.

„Also, wir beobachten die Wolken, schau einmal nach oben, wie sie am Mond vorbeiziehen.“

Luam schielte zu Malu. „Mmh, und was soll das Ganze?“

Luam seufzte tief auf. „Schau, da rechts, sieht sie nicht aus wie ein kleiner Bär?“

„Wo ist ein Bär?“

Sophia schnaubte. „Malu, lass deine Fantasie spielen und schau genau nach oben.“

Alle drei lagen eine Zeit lang still nebeneinander und starrten in den Himmel. Plötzlich rauschte etwas in der Luft und Imani, der Bussard, flog herbei. „Guten Abend, ihr gebt ein komisches Bild ab, ihr drei. Was soll das werden?“ Luam verdrehte die Augen. „Leg dich einfach dazu und warte es ab.“

Imani landete auf der Wiese, legte sich umständlich auf den Rücken und spreizte seine großen Flügel weit von sich, eine seiner Schwingen deckte Malu zu. „Hey Imani, rutsch ein Stück rüber, du deckst mich ab mit deinen riesigen Schwingen, da sehe ich nix mehr.“

Imani schaute nach links. „Hey, wo bist du, ich sehe dich nicht?“

Malu kicherte los. „Logisch, du hast mich auch abgedeckt, jetzt mach hinne, sonst verpasse ich das Beste, rutsch ein Stück."

Imani rappelte sich wieder auf, rutschte ein Stückchen zur Seite und legte sich wieder ausgebreitet hin. „Mmh und jetzt starren wir gemeinsam nach oben, oder was", grummelte Luam genervt.

„Also, mal ehrlich, wenn das so weitergeht sehen wir gar nichts mehr, weil die Nacht vorbei ist, bis ihr endlich alle in Position liegt." Sophia lachte. „So, wir sind bereit."

Es herrschte kurz Schweigen. „Aua, hey, runter von mir ..." Imani schrie plötzlich auf. Was war jetzt wieder los? „Hey, was liegt ihr hier mitten im Weg, ich hab euch gar nicht gesehen im Dunkeln."

Malu rappelte sich auf. „Wisal, falls du es noch nicht bemerkt hast, du stehst auf Imanis Flügel."

„Ups, sorry." Wisal, der Waschbär, hob das Beinchen und rutschte zur Seite, dabei verlor er seinen Teddy, den er im Arm hielt, und dieser plumpste auf Sophia, die wiederum hochfuhr. Luam stöhnte und setzte sich auf. „So wird das nie was. Sollen wir noch warten, vielleicht kommen gleich noch mehr vorbei?"

Malu brach in schallendes Gelächter aus. „Das ist wirklich witzig. Wisal, komm, such dir einen Platz und leg dich zu uns und dann legen wir endlich los, mit was auch immer."

Wisal legte seinen Teddy auf die Wiese und ließ sich neben ihm auf den Bauch fallen, alle anderen legten sich wieder hin. Sophia fragte. „Nun, Luam, was jetzt?"

„Jetzt schauen wir in den Himmel und lassen unserer Fantasie freien Lauf. Schaut die Wolken an, was für tolle Gebilde sie sind. Was für bizarre Formen sie annehmen. Schaut die Sterne an, die Sternbilder bilden, und achtet darauf, vielleicht fällt eine Sternschnuppe herab. Schweigt und entspannt und genießt die Magie dieser herrlichen Vollmondnacht."

Wisal gluckste. „Also, ich sehe keinen Himmel und es ist verdammt unbequem mit der Nase in der Erde."

Alle stöhnten tief auf und Malu schaute zu Wisal. „Wisal, menno, es hieß auf den Rücken legen und nicht auf den Bauch. Typisch, dreh dich um und schau nach oben."

Wisal rollte sich herum, dabei erwischte er Malu. „Auf die andere Seite, hier liege ich und ich will nicht als Matsch enden, weil du mich überrollt hast", stöhnte Malu. Endlich lagen sie alle nebeneinander und starrten in den Himmel. Es sah etwas komisch aus. Denn es lagen da drei Flugtiere mit weit gespreizten Flügeln auf dem Rücken mitten in der Wiese und dazwischen lag Wisal, der Waschbär, und Luam, der Dachs. Ach, und den Teddy darf man nicht vergessen. Alles war ruhig. Am Himmel zogen die Wolken am Vollmond vorbei. Malu flüsterte: „Wow, schaut mal, diese Wolke dort sieht aus wie eine Fledermaus."

Wisal gluckste. „Naja, eher wie eine Maus mit Hörnern."

Sophia seufzte. „Also ich sehe darin einen kleinen Drachen, was meinst du, Imani."

„Mmh, ja, wenn man genau hinsieht, könnte es eine Kreuzung zwischen Fledermaus und Drache sein."

Luam seufzte auf. „Ihr habt wirklich eine rege Fantasie. Also ich sehe darin ein riesiges Schloss mit Türmen und Zinnen, und schaut, da links kommen die Pferde herbei."

„Wo sind Pferde?" fragte Malu und schoss hoch.

„Hey, was machst du, bleib liegen!", schrie Luam auf. „Du hast gesagt, da kommen Pferde, weißt du eigentlich, wie weh es tut, wenn dich ein Pferd überrennt, wir liegen hier mitten in der Wiese, die sehen uns nicht."

Luam atmete laut auf. „Menno, ich meinte doch am Himmel, Wolkengebilde, Fantasie … Malu, leg dich wieder hin, wenn echte Pferde kommen, glaub mir, das fühlst du in deinem Körper, wenn die Erde das Beben anfängt."

Grummelnd ließ sich Malu wieder auf den Rücken fallen, alle schwiegen und schauten nach oben. Ab und zu hörte man ein leises „Ah" und „Oh". Doch plötzlich hörte man ein lautes Schnarchen. Alle stöhnten sie gemeinsam auf. Imani fing zu lachen an. „Wisal, aufwachen!"

Erschrocken schreckte Wisal hoch. „Was, Wie, wo bin ich …"

Luam verdrehte die Augen. „Also, so eine Nacht habe ich noch nie erlebt. Wer seid ihr, dass ihr so ein Chaos veranstaltet? Ich wollte doch nur heute Nacht Wolken und Sternschnuppen beobachten und meine Fantasie ausleben und nun habe ich hier das totale Chaos um mich herum."

Malu und Sophia glucksten. „Lass es uns noch einmal versuchen, also alle hinlegen und du, Wisal, nicht schnarchen", meinte Sophia. Flink legten sich alle wieder hin und starrten in den Himmel. Auf einmal schrie Wisal auf. „Schaut dorthin, da fallen Sterne vom Himmel, schaut schnell."

Er fuhr hoch und rannte los. Malu rief ihm hinterher: „Wo willst du hin, Wisal!"

Wisal drehte sich noch einmal um. „Die Sterne auffangen, dass sie nicht kaputt gehen."

Alle stöhnten auf. Plötzlich sagte Imani neben ihnen: „Es ist egal, lasst Wisal seine Sterne auffangen, wenn er das möchte. Schaut lieber nach oben, der ganze Himmel erstrahlt gerade von einem Sternschnuppenregen."

Sie sahen wie gebannt alle in den Himmel und mit Tränen in den Augen bestaunten sie das seltene Phänomen. Lange schwiegen sie und lagen auf der Wiese herum. Irgendwann setzte sich Luam auf und sagte: „So, nun ist die Nacht bald zu Ende, der Morgen naht. Ich wandere jetzt zu meinem Bau. Es war trotz allem eine sehr schöne Nacht mit euch."

Sophia, Malu und Imani standen auf, als Wisal auf der Wiese entlang geschlichen kam und auf etwas einredete was er in seinen Pfoten hielt. Alle schauten sie ihm entgegen. Malu fragte: „Was hast du da?"

Wisal schaute mit einem Strahlen in den Augen alle an. „Schaut, ich habe einen Stern aufgefangen und gerettet." Ganz langsam öffnete er die Pfoten und heraus flog ein kleiner Lichtpunkt. Er schwebte zwischen allen hin und her. Er leuchtete mal hell, mal schwächer, flackerte kurz und wurde immer heller. Alle schauten gebannt auf den kleinen Lichtpunkt. Plötzlich schoss er los gen Himmel. Man hörte ein tiefes Ausatmen von allen. Wisal schaute strahlend in den Himmel. „Seht ihr, ich habe ihn gerettet, aufgefangen in meinen Pfoten und nun wird er wieder jeden Abend am Himmel erstrahlen und mir zuzwinkern, weil ich es war, der ihn gefangen hat." Mit großen Augen schauten alle Wisal an, dann in den Himmel. Malu staunte. „Ja so wird es sein, denn gerade diese kleinen Augenblicke sind es, die unser Leben bereichern und lebenswert machen. **Fantasie zu haben ist das eine, jedoch sie auch aus zu leben, das ist die wahre Kunst.**" Mit diesen Worten machten sich alle auf den Weg in ihr Zuhause.

 Was siehst du in den Wolken? Gehe mal schauen und dann schreibe oder male es in die Wolken.

Die Einzigartige

Der Mond schien hell am Himmel, umgeben von zigtausenden von Sternen. Er beleuchtete die Natur, warf Schatten, wo sein Licht sich brach. Es war wieder der Beginn einer magischen Nacht. Die Stille, die sie mit sich brachte, senkte sich über das Tal herab. Die Welt schien mit einem letzten Atemzug in tiefen Schlummer zu fallen. Jeden Abend begann diese fantastische Zeit und obwohl sie dunkel erschien, leuchtete sie in den Farben der Nacht. Für den einen ist sie nur finster, für den anderen ist sie magisch. Wenn das Auge nicht mehr sieht, muss man mit seinen anderen Sinnen erleben. Man sollte intensiver lauschen und den Duft des Waldes in sich aufnehmen. Wenn man dann sein Herz weit öffnet, erscheint das Dunkel plötzlich hell.

Malu erlebte dies jeden Abend aufs Neue und er bekam nie genug davon, wenn er in die Nacht flog. Auch heute flatterte er voller Vorfreude in die nächtliche Natur, vorbei an den Schatten des Mondes, hinein in die fantastische Welt der erstrahlenden Dunkelheit. Als er an seinem Lieblingsplatz, der großen Eiche, ankam, machte er halt. Er sah Sophia auf ihn warten. „Guten Abend, Malu, ist es nicht wieder eine wunderschöne Nacht?"

Malu seufzte auf. „Ja Sophia, jede Nacht ist einzigartig, genau wie diese heute."

„Was hältst du davon, wenn wir heute wieder durch die Dorfsiedlung fliegen? Da waren wir schon lange nicht mehr. Ich habe gehört, dort haben sie den neuen Park fertig. Lass ihn uns anschauen."

Malu spannte seine Schwingen aus. „Na dann komm, fliegen wir ihn uns anschauen."

Beide machten sich auf den Weg durch den Wald, über die große Wiese, zur Dorfsiedlung. Schon von Weitem sahen sie die Lichter des Dorfes. In einigen Häusern waren die Fenster beleuchtet und auch viele Lichter erhellten dezent die Gärten. „Schau, Sophia, wie schön das aussieht. Diese kleinen Lampions finde ich total toll in den Gärten, das hat etwas Verwunschenes an sich."

„Das stimmt, Malu, es sieht sehr schön aus. Schau, dort vorne ist der Park, auch er scheint beleuchtet zu sein." Sie flogen beide näher und zwischen den großen Bäumen in den Park hinein. Mittendrin befand sich ein Springbrunnen und dieser leuchtete in bunten Farben.

Malu jauchzte auf. „Wow, schau, wie schön. Farbiges Wasser und diese tollen Blumenbeete außen rum. Einfach nur klasse."

Sophia lachte und schaute sich um. „Schau mal, da ist jemand, wollen wir Hallo sagen? Irgendwie sieht sie traurig aus. Vor allem, was macht sie zu dieser Stunde alleine hier im Park?"

Neben einer Bank saß ein kleines Mädchen und schaute blicklos in die Ferne. Malu flatterte hin und ließ sich auf der Lehne der Bank nieder. Sophia folgte sogleich. Doch das Mädchen reagierte nicht. „Hallo, ich bin Malu, wer bist du und warum sitzt du hier so alleine rum?"

Das Mädchen drehte langsam den Kopf und schaute die beiden an. Ganz zaghaft erschien ein schwaches Lächeln auf ihrem Gesicht. „Hallo, ich bin Jala, ich verstehe euch, doch ihr seid Tiere. Wie kann das möglich sein." „Tja, ich würde sagen du hast ein reines Herz und glaubst an die Magie und somit verstehst du uns auch", antwortete Malu. „Sag uns doch, warum du hier so alleine sitzt."

Jala schluckte. „Ach ich sitze hier nur rum, einfach so."

Sophia verdrehte die Augen. „Man sitzt nicht nur einfach so da. Du kannst es uns gerne erzählen, vielleicht können wir dir helfen."

Jala holte tief Luft. „Also ich, naja, ich bin einfach für alle nur eine Belastung und ein Hindernis. Manchmal denke ich, es wäre besser, wenn ich nicht mehr hier wäre."

Erschrocken horchte Malu auf. „Aber warum? Du bist ein hübsches Mädchen und in dir steckt sicher viel Gutes, wie sollst du eine Belastung sein?"

„Schaut mich doch mal genau an, ich sitze hier in diesem Stuhl und … ich sitze eben."

„Ok du sitzt in diesem Stuhl, doch wo ist das Problem?" Malu verstand es nicht.

Jala schaute genervt Malu an. „Willst du es nicht verstehen? Ich bin behindert. Ich sitze in diesem doofen Rollstuhl, kann nicht gehen, brauche bei allem Hilfe und bin immer auf alle angewiesen. Ich bin nur eine Belastung. Für meine Eltern, die sich jeden Tag um mich sorgen, und für meine Klassenkameraden, die mich eigentlich links liegen lassen, weil ich nicht mithalten kann. Viele Menschen, denen ich begegne, schauen weg, wenn sie mich sehen. Sie können meinen Anblick nicht ertragen. Ich bin nichts wert."

Malu hopste auf Jalas Beine und legte den Kopf schief. „Also, ich sehe keine Behinderung. Du bist schön und nett, nur etwas verwirrt in meinen Augen." „Verwirrt, ja, das mag wohl sein." Sophia huschte auf die Lehne vom Rollstuhl. „Jala, erzähle uns doch mal genau, was dich so traurig macht."

Jala schaute in den Himmel. „Schaut, seht ihr die Sterne und den Mond? Jeden Abend rede ich mit ihnen, doch nie bekomme ich Antworten."

Sie seufzte tief auf. „Ich kenne nur den Rollstuhl, denn ich kam so zur Welt. Ich kenne nicht das Gefühl zu rennen und zu hüpfen, meine Beine tragen mich nicht, sind nutzlos. Mama erklärte mir einmal, das lag an der schweren Geburt und an dem Luftmangel dabei. Manchmal habe ich epileptische Anfälle, die sind richtig schrecklich. Meine Eltern sind immer in Sorge um mich. Mama weint viel, wenn sie denkt, dass ich es nicht sehe. Ich werde nie normal sein."

Malu räusperte sich. „Was ist normal? Für mich bist du normal, auf deine eigene Art. Was denkst du denn, was normal ist?"

„Naja eben normal. Aufrecht zu gehen, keine wilden Zuckungen zu bekommen, etwas alleine zu tun, nicht immer auf andere angewiesen zu sein. Tanzen und springen zu können und vor allen mit Respekt behandelt zu werden."

„Glaubst du wirklich, das macht es aus? Ich denke, nicht. Gut, du sitzt im Rollstuhl, du hast ein Handicap doch trotz allem hast du deinen eigenen Wert."

Jala schnaubte. „Wisst ihr, wie man sich vorkommt, wenn man den Hass der Menschen spürt? Sie schauen einen an, als würden sie sich vor mir ekeln. Neulich waren wir in einem Gasthof. Papa sucht uns immer einen Tisch in einer Ecke, damit mein Rollstuhl nicht stört. Dazu muss er meistens schon mal einen Stuhl beiseite schieben, dass ich vorbeikomme. Die Menschen gucken dann so, als wäre es eine Todsünde. Meinen Papa stört das nicht, doch Mama tut es weh, diese Blicke zu sehen. Als wir dann endlich an unserem Tisch saßen und Essen bestellt hatten, kam ein Pärchen rein. Sie schauten mich direkt an und dann hörte ich, wie sie den Kellner fragten, ob sie einen Tisch woanders bekommen könnten, wo sie die Behinderte nicht sehen müssen. Der Kellner schaute ganz geschockt und peinlich in meine Richtung. Es war nicht das erste Mal, dass so etwas geschah. Die Menschen ekeln sich vor mir. Meine Eltern sagen immer, ich soll mir das nicht zu Herzen nehmen. Doch wie kann ich das? es tut weh! Ich möchte doch nur akzeptiert werden."

Malu schaute bestürzt Jala an. „So gemein können Menschen sein und das nur, weil du im Rollstuhl sitzt. Du bist hübsch, sauber gekleidet, dein Haar ist gepflegt, du hast ein nettes Lächeln. Ich verstehe nicht, wie Menschen so blind sein können."

„Malu, das ist leider die traurige Wirklichkeit. Neulich waren wir einkaufen im Supermarkt. Was passiert natürlich? Genau dann, als wir in der Kassenschlange standen, bekam ich einen epileptischen Anfall. Mama muss mir dann immer schnell das Notfallmedikament geben und ich sabber natürlich auch dabei. Das ist mir echt verdammt peinlich und schon schwer genug, zu wissen dass man vor fremden Menschen plötzlich rumzappelt und sabbert. Doch dann gibt es wirklich noch Menschen die Mama und Papa anschreien, sie sollen mich doch endlich wegbringen, Platz machen, denn sie hätten keine Zeit und wollen an die Kasse. Das ist so was von verkehrt und verletzend."

Malu bekam große Augen. „Das ist nicht normal, Jala. Dieses Verhalten ist nicht normal, doch du bist normal. Normalität ist keine Norm. Du in deiner Art, so wie du geboren bist, so muss man dich auch akzeptieren und vor allem lieben. Deine Eltern lieben dich sehr, denn wie ich aus deinen Geschichten heraus höre, umsorgen sie dich und verstehen dich. Sie nehmen dich mit zum Einkaufen und in Restaurants, für sie bist du normal."

Jala atmete tief durch. „Wisst ihr, ich habe mich damit abgefunden, anders zu sein, und meine Eltern lieben mich so, wie ich bin, das weiß ich. Doch es verletzt und schmerzt, wenn man sieht, wie Außenstehende damit umgehen. Diese Blicke, die einen ständig verfolgen und sagen, sperrt sie ein, den Anblick kann man niemandem zumuten. Das schmerzt."

„Jala, das Problem bist nicht du", sagte Sophia leise. „Das Problem liegt in dem einzelnen Menschen. Es gibt sicher einige, die einen Ekel verspüren und Unwohlsein, wenn sie dich sehen, doch die meisten sind unsicher, denn sie wissen nicht, wie sie damit umgehen sollen. Es liegt in der Natur des Menschen, etwas anzustarren, was ihnen anders vorkommt. Wenn sie dann merken, dass sie starren, ist es ihnen peinlich und sie schauen schnell weg. Ihnen ist es unangenehm, das Leid zu sehen, denn sie denken, dass es Leid ist. So tickt der Mensch. Sie kommen auch selten auf die Idee, einfach mal Hallo zu sagen oder zu winken und ein Lächeln zu schenken."

„Ich will doch deren Mitleid nicht, ich möchte eigentlich nur akzeptiert werden, so wie ich bin, und vor allem respektvoll behandelt werden. Genau dies wünsche ich auch meinen Eltern, denn auch sie werden oft beschimpft und angerempelt ohne Grund, so nach dem Motto, wie können sie nur mit mir in der Öffentlichkeit herumspazieren?"

Malu schüttelte langsam den Kopf. „Weißt du, Jala, viele Menschen sollten sich die Zeit nehmen, um sich in deine Lage und in die Lage deiner Eltern zu versetzen. Heutzutage gibt es so viele Feste und Veranstaltungen, die körperlich behinderten Menschen helfen sollen, jedoch vor allem, die helfen sollen, dass der Mensch, der sich für normal hält, damit umzugehen lernt. Nur das kommt bei ihnen nicht an. *Du* bist nicht das Problem und dein Handicap auch nicht. Das Problem liegt in den einzelnen Menschen und in seiner Denkweise, die eine normale Norm vorschreibt. *Du* bist etwas Besonderes. *Du* bist einzigartig in deinem Wesen und deinem Leben. *Du* bist wichtig, nicht die anderen. *Du* musst anfangen dich selbst zu lieben und zu akzeptieren, dann werden sich auch die anderen finden, die lernen, dich so zu akzeptieren, wie du bist. Deine Eltern stehen zu dir, denn sie lieben dich genau so, wie du bist. Sei du selbst, lass alle reden, denn wie andere sich verhalten ist nicht deine Schuld. Nimm deine Einzigartigkeit an. Ich kenne einen Feuersalamander, Claudio. Er hat auch ein Handicap, er hat einen steifen Rücken und das ist total unnormal für so einen Salamander. Doch er geht seinen Weg. **Weißt du, man sieht oft nur die Gebrechen und Behinderungen, doch wie viel Stärke und Kraft es kostet, damit zu leben, für dich und auch deine Eltern, das sieht keiner.“**

Jala seufzte tief auf. „Du hast recht, Malu, was mache ich mir Gedanken über die anderen Menschen? Ich möchte viel lieber lachen und fröhlich sein. Egal, was für ein Handicap ich habe. Sollen doch alle doof gucken, denn ich werde in Zukunft viel Spaß haben, den diese Menschen bestimmt nicht kennen.“

Sophia lachte. „Genau, sei fröhlich, sodass sie neidisch werden. Winke ihnen zu, lache sie an, glaube mir, irgendwann wird ein Mensch dazwischen sein, der spontan zurückwinkt.“

Jala jauchzte auf. „So, und nun haltet euch fest, wir drehen eine Runde durch diesen neuen, wundervollen Park.“ Jala löste die Bremse und ab ging es den Weg um den Springbrunnen herum. Sophia und Malu lachten schallend und krallten sich am Rollstuhl fest. Plötzlich hörten sie jemanden Jalas Namen rufen. Jala stoppte und rief lachend. „Juhu Papa, Mama, schaut mal, wie toll die Nacht ist, die Farben, die Stille ist so wunderschön.“

Jalas Eltern kamen näher und schauten erstaunt ihr Kind an, das sie verzweifelt gesucht hatten, in der letzten Stunde und nun fröhlich lachend hier vorfanden. Malu und Sophia erhoben sich und flatterten um die kleine Familie herum. Die Eltern fielen vor Jala auf die Knie und umarmten sie kräftig. Dann standen sie auf, schnappten sich den Rollstuhl und jagten durch den Park, lachend, glücklich und ausgelassen.

Malu schaute Sophia an. „Genau so soll es sein. Nicht vom Kummer erdrücken lassen, sondern lachen und fröhlich sein. Es gibt kein Normal, es gibt nur ein Anders und das ist nicht verkehrt."

Noch lange schauten sie der kleinen Familie zu, bis sie ganz erschöpft ins Gras fielen und zusammen den Mond betrachteten. Lautlos flogen Malu und Sophia aus dem Park. Ja, das Leben war schön.

Kleine Übung:

Wenn du einen Menschen im Rollstuhl siehst, schau ihn an, und sage Hallo. Du kannst ihn auch fragen warum er im Rollstuhl sitzt und wenn er es dir erzählt, dann sage ihm wie stark du es findest, dass er das meistert. Erzähle von Jala und Malu. Natürlich besteht auch die Möglichkeit, dass er gar nicht antwortet. Sei deswegen nicht böse auf ihn. Diese Menschen sind es oft nicht gewöhnt, dass jemand zu ihnen Hallo sagt und Interesse zeigt.

Wenn du wissen möchtest, wie es ist. Stelle mit Hilfe eines Elternteils einen Stuhl seitlich neben dein Bett, setze dich und binde zwei Schals um deine Beine, einen unten an den Waden und einen oberhalb der Knie und nun versuche, ohne Beine und Po zu bewegen, dich auf das Bett zu ziehen.

Was kannst du mit Jala machen? Streiche durch was nicht möglich ist.

Seilhüpfen   Fußball spielen   Karten spielen   verstecken

Rad fahren   basteln   Musik hören   fangen spielen

Baum emporklettern   zeichnen   Bücher lesen   vorlesen

Geschichten erzählen

Glück ist, Freude zu haben

Ein perfekter Abend erwachte, rot schimmerte der Himmel und der Mond lugte schon raus und schaute sich das Schauspiel an. Am Horizont flog ein Schwarm Schwalben herbei und über die Bäume. Man hörte ihr Lied durch den ganzen Wald. Malu machte sich auf Futtersuche. Er schwirrte mal dahin, mal dorthin und dann flog er zur Buche am See. Dort hängte er sich an einen Ast und bewunderte die Farben am Himmel. Als er über den See sah, erregte eine kleine Schwalbe seine Aufmerksamkeit, die auf einem dünnen Ast saß. Sie saß nur da und lächelte. Er flog zu ihr. „Warum lächelst du?", fragte er. Doch sie antwortete nicht.

Imani, der Bussard, flog herbei und fragte auch: „Warum lächelst du?" Doch auch Imani bekam keine Antwort. Die Schwalbe lächelte einfach weiter. Nun kam auch noch Basma, der Specht, angeflogen. Er schaute Imani und Malu an und fragte dann: „Warum lächelt die Schwalbe?"

Malu seufzte. „Ich glaube, sie kann nicht reden, denn sie gibt uns keine Antwort, sie lächelt nur.

Als nun auch noch Sophia anflog, lachten alle. Plötzlich flog der kleine Vogel in die Höhe und rief: „Ich bin so glücklich!"

Zuerst erschraken alle über den plötzlichen Gefühlsausbruch und flogen vor Schreck auf. Da ließ sich die kleine Schwalbe wieder auf dem Ast nieder und alle machten sie es ihr nach und warteten gespannt ab, was nun wohl passierte. Malu hielt es nicht länger aus und fragte. „Nun komm schon, sag uns, warum du so glücklich bist und in einem fort lächelst."

Die kleine Schwalbe sah Malu an. „Ich bin Kalea, und wie mein Name euch schon sagt, ich bin sooo glücklich. Gestern noch glaubte ich, nie mehr glücklich zu werden, und wenige Stunden später bin ich der glücklichste Vogel der Welt."

Imani schmunzelte. „Hallo Kalea, erzählst du uns deine Geschichte, damit wir mit dir glücklich sein können?" Kalea lachte.

„Ja, ich erzähle euch meine Geschichte." Sie lachte noch einmal kurz und fing dann zu erzählen an. „Vor langer Zeit gab es eine Schwalbenfamilie. Mann, war das lustig, als ich mit meinen Geschwistern im Nest rumtollte. Doch eines Morgens war etwas anders. Viele Schwalben waren oben am Himmel und auch wir flogen zu ihnen in die Lüfte. Es war ein herrliches Gefühl zwischen den Wolken zu fliegen. Ich verstand, es wurde Zeit, in den Süden zu fliegen. Wir flogen und flogen über das Land und die Reise wollte kein Ende nehmen. Zu diesem Zeitpunkt wusste ich noch nicht, wie grausam das Leben sein kann."

Sophia seufzte auf. „Das lernen wir alle irgendwann mal kennen."

Kalea nickte. „Ich bekam Hunger und flog zum Boden. Doch als ich satt war von meiner Mahlzeit und wieder in den Himmel flog, war weit und breit keiner meiner Freunde mehr zu sehen. Ich wollte es erst gar nicht begreifen. Sie hatten mich allein gelassen und vergessen. Plötzlich war ich allein, ganz allein in dieser großen weiten Welt. Was sollte ich tun? Ich flog tagelang umher und suchte. Doch ich fand nicht einen. Die Nächte wurden länger und es wurde sehr kalt. Als die ersten Schneeflocken vom Himmel fielen, suchte ich mir in einer Scheune bei der Menschensiedlung, einen warmen Platz, wo ich bleiben konnte. Dort fand mich ein kleiner Junge. Mein Instinkt sagte mir, flieg weg, die Menschen sind eine Gefahr für uns Tiere, doch ich war so kraftlos, dass ich mir einfach dachte, was kann schon Schlimmes passieren.

Ich hatte keine Kraft und keinen Willen mehr zu fliehen und irgendwie spürte ich auch, dass dieser Junge mir nichts tun würde. Er nahm mich mit nach Hause, gab mir Futter und einen warmen Platz in seinem Zimmer."

Malu lächelte. „Du hast dich richtig entschieden, oftmals müssen wir über unseren eigenen Ängste stehen, um zu überleben. Vor allem, wenn man eh nichts mehr zu verlieren hat."

Kalea schmunzelte. „Da hast du recht, es war keine leichte Entscheidung, doch was blieb mir sonst, in der Scheune erfrieren, verhungern. So saß ich bei dem Jungen im warmen Zimmer. Ich schaute oft aus dem Fenster. Draußen schneite es und der Winter kroch über das Land. Dann plötzlich schmolz der Schnee und die Nächte wurden wieder kürzer. Es wurde Frühling. Ich flatterte immer öfter zum Fenster. Dann kam der Tag, als der kleine Junge mich wieder nach draußen ließ. Ich flog hoch, hoch in den Himmel und schwebte unter den Wolken. Meine Flügel nahmen den Wind dankend an. Alles faszinierte mich, sodass ich gar nicht weiter darüber nachdachte, dass ich ja alleine war."

Jetzt lachte Kalea herzhaft auf. „Ich dachte gerade noch, wie schön es doch war zu leben, als ich auf einem Baum vor mir meine Freunde entdeckte. Ich konnte es nicht fassen, sie waren wieder da, alle waren sie wieder da." Kalea lachte und lachte. „Deshalb bin ich nun der glücklichste Vogel auf der Welt."

Basma flatterte jauchzend auf. „Genau das kannst du auch sein, denn du hast dafür gekämpft, wieder glücklich zu werden, du hast nicht aufgegeben, hast schwere Entscheidungen getroffen und doch nie den Lebensmut verloren. Du verdienst es, glücklich zu sein."

Basma lächelte auch. „Wir freuen uns mit dir, doch nun flieg, flieg zu deinen Freunden und vergiss nie zu lächeln."

Kalea flog euphorisch in die Lüfte. „Es war schön, euch kennenzulernen, ich komm wieder mal vorbei, und erinnert euch ab und zu an mich, wenn euch nach lachen zu Mute ist." Flugs flog sie weg. Alle anderen schauten sich an und Malu lachte „Wisst ihr, ich finde es schön, jemandem zu begegnen, der sein Glück gefunden hat."

Sophia lachte mit. **„Glückliche Momente vergehen nie, wenn man sie im Herzen behält**. Ich denke, dass unsere kleine Schwalbe sehr glücklich ist und auch bleibt, denn sie hat die Erfahrung hinter sich, wie es nicht sein sollte."

Imani verabschiedete sich und auch Basma und Alvin flogen davon. Malu überlegte. „Weißt du, was ich suche? Noch mehr glückliche Momente. Wenn ich keine finden sollte, beschere ich jemandem welche, wir sehen uns noch." Und, schwupps, flog Malu in die Nacht. Irgendwie fühlte er sich sehr glücklich und voller Freude, er genoss den Flug. Er segelte Richtung Siedlung, denn die Nacht war gerade erst angebrochen. Als erstes schaute er bei Marion vorbei. Ein heller Feuerschein erleuchtete den Garten. Neugierig flog er näher. Marion und ihre Eltern saßen vor einem kleinen Lagerfeuer und grillten Marshmallows. Es sah sehr gemütlich aus. Als Marion ihn entdeckte, rief sie ihm zu: „Hallo Malu, komm zu uns, schau, was wir grillen. Das hat Julia immer gerne gemacht, wir grillen heute zu ihrem Gedenken."

Malu landete. „Hallo, super, und seid ihr noch sehr traurig das sie nicht mehr hier ist?"

„Weißt du, Malu, wir tragen sie immer bei uns in unseren Herzen, denn da hat sie immer einen Platz. Außerdem machen wir vieles, was sie auch gerne hatte, und das macht uns glücklich, denn wir wissen, dass sie es so gewollt hätte."

Malu lachte. „Also, ich hatte heute eine Begegnung mit einer sehr glücklichen Schwalbe und ich fragte mich, ob es noch mehr Arten von Glück gibt, und siehe da, bei euch habe ich eine gefunden."

Marion lächelte . „Genau, Glück ist, wenn man sich mit einem guten Gefühl erinnern kann, an den Menschen der eine Zeit lang mit einem das Leben geteilt hat."

„Danke, ich freue mich für euch, dass ihr trotz des Verlustes ein so großes Glücksgefühl empfinden könnt. Das ist wahre Stärke." Malu winkte kurz und flog weiter durch die Nacht. Als er über das Feld flog, hörte er, wie jemand seinen Namen rief. „Hu hu, Malu, schau mal, hier in den Bäumen!"

Malu suchte die Bäume am Feld ab. Dann entdeckte er in einem Baum ein komisches Gebilde und als er darauf zuschwebte, sah er Cody, der mit seinem Kopf zwischen den Zweigen hervorlugte. Flink rauschte er hin. „Wow, was ist das denn, megacool."

Cody schaute ganz stolz. „Das ist mein Baumhaus, das hat Papa für mich gebaut, ich bin so glücklich, dass ich meine Angst überwunden und vor allem dass ich jetzt mehr Vertrauen in eine Sache habe. Ich finde es sooo coool hier und mir kann nix passieren, ich bin auf einem Baum und doch sicher, weil Papa es gebaut hat."

Malu grinste. „Ja, Glück ist auch Vertrauen. Ich besuche dich sicher bald mit den anderen, dann kannst du eine Einzugsparty veranstalten."

Cody winkte lachend Malu zu. Dieser flog lächelnd weiter. In Gedanken versunken merkte er gar nicht, wohin er flog, und plötzlich prallte er gegen etwas sehr Großes und kugelte zu Boden. „Aua, boah, was ist jetzt passiert?" Er schüttelte seinen Kopf und schaute erst mal, ob mit seinen Schwingen alles gut war. Ok, perfekt, alles noch dran. Nur was war das, wogegen er geflogen war? Er schaute sich um, blinzelte, schaute nochmal genau hin. Auf dem Feld, das normalerweise immer leer war, stand jetzt mittendrin ein großes buntes Zelt. „Das gibt's doch nicht, wer stellt denn ein so großes Ding mitten in meine Flugbahn", brummelte Malu vor sich hin. Vor ihm entstand ein Erdhügel und Galdur, der Maulwurf, erschien. „Sag mal, Malu, führst du Selbstgespräche?"

Malu verdrehte die Augen. „Ich glaube schon, hast du das Zelt gesehen? Ich war gerade auf meiner Suche nach Glück, als ich dagegen flog. Es war plötzlich da und, kawumm, krachte ich dagegen."

Galdur schnaubte. „Plötzlich wirklich nicht, sie haben es heute Nachmittag aufgebaut und ich hörte sie sagen, dass morgen Tiere kommen. Was da genau passiert, weiß ich auch nicht."

Malu überlegte. „Also, da schau ich doch morgen Nacht mal vorbei, um zu sehen was hier geschieht. Sag mal, was ist Glück für dich?"

Galdur dachte über die Frage nach. „Also, wenn du mich so fragst, Glück kann alles sein, kurze Momente der Freude, schöne Erlebnisse, Liebe und eine bezaubernde Nacht und, und, und ..."

Malu lachte hell auf. „Genau, Glück ist der Moment, viele glückliche Momente wiegen alle anderen auf. Supi, das ist das, was Kalea auch empfand. Egal, was es auch für Kummer im Leben gibt, es kommt immer wieder ein Glücksmoment dazwischen."

Galdur buddelte sich wieder ein und Malu flog mit glücklichen Gedanken Richtung Höhle. Als er am Eingang bei Mirko vorbeikam, rief er ihn zu: „Mirko, da passieren komische Dinge auf dem Feld, da stehen Zelte und so. Da müssen wir morgen Abend unbedingt schauen, was da los ist."

Mirko winkte. „Ja, Malu, lass uns morgen Abend sehen, jetzt ruh dich aus."

Malu flitzte in die Höhle und rief Mirko zu: „Ist das Leben nicht schön, ich bin glücklich."

Wisal

____

Luam

____

Horacia

____

Kalea

____

Imani

____

Mirko

____

Tiere haben auch ein Leben

Es war noch früher Abend, doch Malu hatte heute viel vor und er musste beizeiten los. Sophia flog schon vor den Eingang und wartete auf ihn. „Hallo Sophia, komm, lass uns beeilen, dass wir noch rechtzeitig am Feld sind, mal sehen, was da heute passiert."

Sophia winkte Mirko zu, der am Fels seine Netze webte, und dann flogen sie schon los. Die Sonne stand noch weit am Horizont, doch das war ihnen heute egal, denn sie wollten nichts verpassen. Als sie am Feld ankamen, staunten sie nicht schlecht. Viele bunte Wagen standen rund um das Zelt und Menschen liefen herum und schleppten Sachen durch die Gegend. Malu sah Galdur und flog zu ihm hin. „Hallo, hast du schon was mitbekommen was da passiert."

Galdur zuckte mit der Schulter. „Also Tiere habe ich keine gesehen, nur viele Gerätschaften und Menschen."

Malu überlegte. „Sophia, lass uns doch mal über den Platz fliegen, vielleicht entdecken wir etwas." Sie flogen los, zwischen den Wagen und Zelten hindurch und schauten sich alles an. Hinter einem bunten Wagen saß ein kleines Mädchen und wippte vor sich hin. Malu flog zu ihr. „Guten Abend, ich bin Malu, sag mir, was ist das hier alles?"

Das Mädchen schaute auf. Es hatte sehr asiatische Gesichtszüge sah fast wie ein Manga aus, schneeweiße Haut, schwarze lange Haare und sehr zierlich. „Hallo ich bin Yuki, schön, dich kennenzulernen. Das hier ist ein Zirkus, unser Zirkus, doch irgendwie will keiner unsere Vorstellung sehen, wir haben noch nicht eine Karte verkauft."

Sophia flog heran. „Also ich kenne Zirkusse, und das ist doch toll, viele Artisten, Clowns, Tiere ..."

Yuki unterbrach sie. „Das ist ja das Problem, wir haben keine Tiere mehr und ich bin daran schuld, und nun kommt keiner mehr in den Zirkus, da die Tiere fehlen."

Malu schüttelte den Kopf. „Warum solltest du Schuld sein?"

„Ach meine Eltern lieben mich und uns gehört der Zirkus schon lange. Als ich vier Jahre alt war, fing ich an, mit den Tieren zu sprechen, und sie erzählten mir, dass sie so unglücklich wären, dass es ihnen keinen Spaß macht, hier aufzutreten. Ich verstand sie, denn auch ich fühlte mich eingesperrt und ich redete mit meinem Vater darüber. Papa sagte zu mir: *Jedes Tier hat ein Herz wie du und Gefühle wie du, wenn du dich eingesperrt fühlst, dann tun das auch die Tiere. Wenn du unglücklich bist, meine Tochter, dann werden wir uns von den Tieren trennen. Sie haben es immer gut bei uns gehabt, doch die Zeiten ändern sich und so werde ich ihnen einen Platz auf einem Gnadenhof besorgen.* Schon zwei Tage später brachten wir die Tiere weg. Es war ein schöner Platz, den wir fanden. Mein Herz war plötzlich frei und ich war glücklich. Doch dann machten wir unsere erste Vorstellung ohne Tiere und es kamen so wenig Menschen, das nächste Mal noch weniger und nun sind wir hier und haben noch keine Karte verkauft. Mama ist traurig, denn wir brauchen das Geld, es ist unsere Existenz."

Sophia grübelte. „Verstehe ich nicht, wie kann man einen Zirkus von Tieren abhängig machen? Das zeigt wieder mal wie wirr Menschen denken. Sie zerstören den Lebensraum der Tiere, wünschen jedoch, dass wir ihnen Kunststücke vorführen vor lauter Freude darüber."

Yuki schmunzelte. „Genau richtig, so denke ich auch, doch ich bin ein Kind und die Erwachsenen sehen es einfach nicht. Das Kind in ihnen ist vergraben und vergessen, das sie einmal waren."

Malu dachte nach. „Yuki, ich hab da so eine Idee, wir machen Zirkus."

Er flatterte auf und lachte. „Genau, wir sind Tiere, wir kennen Menschen, die noch Magie im Herzen haben und uns verstehen. Wir müssen einfach den sturen Menschen zeigen, dass Tiere in Freiheit anzusehen viel schöner ist."

Yuki verzog die Lippen. „Wie sollen wir das anstellen, ich kann ja schlecht eine Fledermaus auf einem Seil balancieren lassen."

Malu gluckste. „Nee, ich könnte nur daran baumeln, doch mal Spaß beiseite, schlag deinem Vater eine Mottoveranstaltung vor, er soll morgen Abend zur Großen Tierischen Naturshow einladen, den Rest organisieren wir."

Sophia lächelte. „Mir schwant, was du machen willst, dann komm, es gibt viel zu tun bis morgen Abend. Yuki, wir bringen die Menschen zum Umdenken, glaube mir, das schaffen wir."

Malu und Sophia stupsten Yuki an und flogen davon. „Komm, wir gehen zum alten Georg, er wird uns helfen und dann zu Cody und zu Jaro und Aylin. Ach, und Marion können wir auch ansprechen." Malu überschlug sich fast. „Ach und zu Zacharias und Lynn, die helfen bestimmt mit. Lass uns zu Imani fliegen, er kann alle unsere Freunde informieren – das wird ein Spaß – wir machen unseren eigenen Zirkus."

Die ganze Nacht waren sie unterwegs und informierten alle Freunde, die sie kannten. Todmüde fielen sie gegen morgen in den Schlaf. Malu träumte von der großen Manege und donnerndem Applaus.

Bizarre Farben wanderten über den Himmel. Es lag so eine Vorfreude in der Luft. Im ganzen Wald wimmelte es von Tieren die sich auf den Weg zum großen Feld machten. Malu flog über sie hinweg, grüßte rechts und grüßte links. „Schön, dass ihr alle dabei seid, das wird ein Spaß!“, rief er. Als er am Zirkuszelt ankam, war der Platz am Eingang mit Menschen voll, die hineinströmten.

Yuki lachte ihnen entgegen. „Schau mal, die Menschen sind gekommen. Papa war erst etwas skeptisch, doch ich habe zu ihm gesagt: Vertrau deiner Tochter, denk an ihr großes Herz.“

Als der letzte Mensch ins Zelt ging und die Klappe hinter ihm zufiel, strömten die Tiere aus dem Wald, dazwischen liefen Cody, Jaro, Aylin, Marion und Moja und Lynn war auch dabei. Lynn trat vor und wandte sich an die Tiere. „So, nun werden wir die Sache mal rocken. Ihr wisst alle, dass es viele Menschen gibt, die euch nicht verstehen, weil sie ihre Magie im Herzen verloren haben, deshalb werden wir für euch übersetzen. Verhaltet euch ruhig, bis ihr dran seid.“

Malu jubelte. „Boah, das wird ein Spaß.“

Im Zelt hörte man, wie die Musik spielte, dann trat Yukis Vater in die Manege. „Herzlich Willkommen zur Großen Tierischen Naturshow. Durch die Show führt euch meine geliebte Tochter Yuki!“

Ein Trommelwirbel erklang und Yuki betrat mit Sophia auf der Schulter die Manege. Applaus brach los. Sophia sah, dass viele bekannte Gesichter in den Reihen saßen, sogar Zacharias war hier. Yuki verbeugte sich vorsichtig, damit Sophia nicht runterfiel. „Herzlich Willkommen zur Großen Tierischen Naturshow. Was ihr heute hier zu sehen bekommt, seht ihr jeden Tag, wenn ihr mit offenen Augen durchs Leben geht. Schaut genau hin, nur so könnt ihr sehen.“

Ein Trommelwirbel erklang. Als es still war, flog Sophia empor über die Köpfe des Publikums, dreht zwei Runden und ließ sich wieder auf Yukis Schulter nieder. „Ich möchte euch

Sophia vorstellen, sie ist eine Eule. Sie schwebt lautlos durch die Nacht und fängt Mäuse und Kleingetier. Sie wird auch als Adler der Nacht bezeichnet. Als Krafttier steht sie für Weisheit und Klugheit. Wenn eine Eule lautlos durch eure Träume fliegt, hilft sie euch, im Dunkeln zu sehen und euren Weg zu finden. Sie ist ein einzigartiges Geschöpf, weich, anmutig und doch ein Raubtier."

Sophia flog noch eine Runde und diese wurde mit vielen Ahs und Ohs begleitet, dann ließ sie sich auf der Stange nieder, die in der Manege stand. Der Vorhang ging auf und Imani flog herein, drehte seine Runde und flog zu Yuki.

„Das ist Imani, ein Bussard. Er ist Wächter, Späher und Bote des Waldes. Sein Lebensraum erstreckt sich über Wiesen, Felder und Weiden. Als Krafttier bringt er Veränderungen in euer Leben. Wenn ihr seinen Ruf hört, könnt ihr auch beobachten, wie er jagt und wie er in der Luft seine Kreise zieht."

Imani flog knapp über die Köpfe hinweg und gesellte sich dann zu Sophia. Plötzlich entstand ein kleiner Tumult hinter dem Vorhang und Wisal rollte darunter hervor. Cody rannte hinter ihm her und versuchte seinen Schwanz zu packen. Yuki kicherte. „Das sind Wisal und mein neuer Freund Cody. Wisal ist ein Waschbär. Seinen Namen hat er dadurch, dass er sein Essen gerne immer wieder ins Wasser taucht. Er ist ein lustiger Geselle und lebt in Misch und Laubwäldern. Als Krafttier zeigt er uns, wie wir vertrauen können, ohne zu sehen, und wie man glauben kann, ohne zu wissen. Er holt unser inneres Kind wieder ans Tageslicht, denn er ist sehr verspielt. Nennen wir ihn den Clown unter den Tieren."

Wisal tollte um die Manege und das Publikum lachte, denn er stolperte und rollte immer wieder vom Manegenrand. Cody lüpfte den Vorhang und herein kam Hope mit ihren

Kindern. Cody stellte sie vor. „Das ist Hope, die Rotfüchsin, mit ihren Kindern Adia und Liam. Viele halten sie für gefährlich, doch haben sie mehr Rechte als der Mensch, in unseren Wäldern zu leben. Der Fuchs verkörpert Wildheit und Klugheit. Als Krafttier hilft er uns, unser Leben aus einer anderen Perspektive zu betrachten, um unseren Weg fortzusetzen. Der Vater der Kleinen wurde von uns Menschen gejagt und getötet, weil wir eine Gefahr in ihm sahen. Keiner dachte darüber nach, dass er eine Familie hinterließ. Doch auch in der Tierwelt gibt es Zusammenhalt und so haben die drei es geschafft.“

Hope schritt wie eine Königin durch die Manege und ihre Kinder rollten spielend am Boden. Aus dem Publikum hörte man es flüstern. „Schau, sind die nicht süß“ ... und „Oh wie traurig...“

Ein Rauschen und schrille Pfiffe erklangen ‚als zwei Vögel in das Zelt flogen. „Das sind Basma, der Specht, und Alvin, der Eichelhäher. Beide sind sie heimisch mitten unter euch. Wenn ihr in euren Garten schaut, werdet ihr sie entdecken. Denn sie lieben die Siedlungen von Menschen und wenn ihr es schlau anfangt, lassen sie sich so gar zu euch nieder. Als Krafttier Specht trommelt er, weil er eure Aufmerksamkeit erregen möchte, dass die Mutter Natur ihren Höhepunkt erreicht, und so auch ihr. Denn alles, was den Tieren und der Natur geschieht, wird auch den Menschen geschehen“, sagte Yuki und Cody redete weiter. „Als Krafttier Eichelhäher sagt er uns, dass wir Veränderungen kritisch betrachten sollen. Er wird auch Wächter des Waldes genannt.“

Beide flogen auf und ließen ihre Töne erschallen. Die Zuschauer waren wie gefesselt. Dann kam Yukis Vater herein, auf seinem nackten Oberkörper krabbelte Mirko und Claudio lag auf seinem Arm. Yuki ging zu ihm und strahlte ihn an.

„Das ist mein Papa", lachte sie und alle lachten mit. „Kleiner Scherz am Rande, also, das ist Mirko, die Spinne, er ist ein nützlicher Geselle und ein großer Künstler. Er webt Netze mit seinem kleinen Körper, die fantastisch gewebt sind. Als Krafttier wird er der Weber genannt, denn er webt die Schicksalsfäden. Bevor ihr eine Spinne aus euren Häusern und Gärten entfernt, schaut euch mal das Netz genau an, es ist eine beachtliche Baukunst und wenn ihr früh morgens den Tau darauf seht, glitzert es wunderschön."

Yukis Vater nahm vorsichtig Claudio auf die Hand. „Das ist Claudio, ein Feuersalamander, dieser eine hier hat überlebt. Eine schwere Seuche, verursacht durch uns Menschen, weil wir am Klima rumpfuschen, hat seinen Rücken gelähmt. Doch seht selbst, auch wenn er sehr klein ist, hat er gekämpft. Als Krafttier zeigt er uns, das wir auf unser inneres Feuer hören sollen. Er kommt als Retter in brenzligen Situationen zu uns."

Die Zuschauer standen auf und riefen: „Ein Hoch auf den kämpferischen kleinen Kerl!"

Yuki traten die Tränen in die Augen und sie blinzelte ihrem Vater zu. „Siehst du, wie begeistert sie sind, ja die Magie der Natur zeigt ihre Wirkung", flüsterte sie.

Ein lautes Schwirren und Pfeifen kündigte den Schwarm Schwalben an. Gefolgt von Aylin kamen sie in die Manege. Aylin räusperte sich. „Das sind Schwalben und unter ihnen fliegt die glücklichste Schwalbe der Welt, Kalea. Als Krafttier fliegt die Schwalbe in euer Leben und so zeigt sie euch eine Zeit des Neubeginns und eine Wendung in euren Leben an. Fliegen Schwalben hoch, wird es schönes Wetter bleiben, fliegen sie tief, gibt es schlechtes. Sie sind wie Wetterfrösche der freien Natur. Beobachtet ihren Flug, es ist sehr schön, wenn sie durch die Luft segeln."

Aylin drehte sich um und sah, wie Jaro den Vorhang öffnete und eine große Kiste hereinschob. Vorne war Glas, sodass die Zuschauer sehen konnten, was darin war. Doch sie sahen nur Erde. Jaro klopfte an die Scheibe und Galdur grub sich empor. Viele Ohs und Ahs ertönten wieder.

„Das ist Galdur, ein Maulwurf. Er lockert Mutter Erde, dass sie atmen kann, und als Krafttier bringt er euch alles Verborgene ans Licht", sagte Jaro.

Unter dem Vorhang flitzte Saira herein. Cody übernahm die Vorstellung. „Das ist Saira, ein Eichhörnchen. Es sind lustige Gesellen, die im Wald, in Gärten und auch Siedlungen zuhause sind. Man kann sich an ihrem Spielen und Tollen kaum satt sehen. Als Krafttier verhilft es uns Erleichterung und Lebensfreude zu erlangen."

Ein Trommelwirbel erklang und das Licht wurde gedämmt. Alle wurden still. Irgendetwas flog durchs Zelt jedoch sah es keiner richtig. Es war einfach zu schnell. Dann ging der Spot an und beleuchtete mitten in der Manege eine Stange, von der ein Kokon hing. Yuki ging darauf zu. „Das ist Malu." Trommelwirbel ... Malu entfaltete seine ledrigen Schwingen. „Malu ist eine Fledermaus, ein Freund, ein Kumpel, ein Retter und Fänger. Malu ist alles, was er für euch sein soll. Als Krafttier steht er für die Wiedergeburt und die Unendlichkeit." Wieder ein Trommelwirbel. „**JEDER SOLLTE EINEN MALU IM LEBEN HABEN!**", schrie Yuki hinaus. Im Zelt brach donnernder Applaus los. Alle standen auf. Lynn und Moja kamen mit dem Rest der Tiere in die Manege. Da flogen viele verschiedene Vögel durchs Zelt, kleine Feldmäuse flitzten herum und sogar Lucky, der Mischlingshund, war unter ihnen. Lynn hob die Hand. „Das sind die Tiere des Waldes, Gillian Anderson hat einmal zitiert: **Tiere können nicht für sich selbst sprechen, und deshalb ist es so wichtig, das wir**

die Stimmen für sie erheben und uns für sie einsetzen. Das sind so wahre Worte."

Moja trat vor. „**Wer die Not der Tiere nicht sieht, wird auch die Not der Menschen nicht sehen.**"

Dann trat Marion vor. „Schaut euch die schönen Wesen an, kraftvoll, majestätisch, viele sagen putzig, anmutig und stark, sie sind die wichtigsten Bewohner der Erde, ihr Lebensraum ist die Natur. Nur wenn sie frei sind, können sie glücklich sein und unsere Herzen jeden Tag erfreuen, wir müssen nur die Augen öffnen."

Yuki schaute ernst das Publikum an. „Wir können im ganzen Leben nicht wiedergutmachen, was wir den Tieren angetan haben. Doch wir können versuchen, sie zu verstehen und zu akzeptieren, dass sie nicht dazu da sind, uns zu belustigen in Zelten und in Käfigen. Denn nur ein freies Tier hat Magie."

Das Licht wurde noch einmal gedämpft, es war stockdunkel, alle wurden ruhig. Dann erleuchteten tausende von kleinen Lichtpunkten das Zelt. Sie schwirrten umher, tanzten durchs Dunkel, es kamen viele Ahs und Ohs. Yuki sprach leise. „Dies sind Glühwürmchen, so winzig sie auch sind, sind sie Krafttiere. Sie bringen uns Licht ins Dunkel und für uns sind sie Seelen der reinen Herzen. Wenn ihr sie seht, erleuchten sie eure Herzen und bringen euch Frieden."

Plötzlich rauschte es vorm Zelteingang und Yukis Vater rannte hin, um zu öffnen. Nur die Glühwürmchen erhellten das Zelt, als sie erschienen, die Könige der Lüfte, Alain und Abahya glitten durchs Zelt. Alles schaute in Ehrfurcht nach oben. „Wir sind Geisteradler, nur die, die reiner Seele sind und ihre Magie im Herzen haben, können uns sehen und hören."

Malu schaute in die Menge. Er sah viele feuchte Augen, die mit Hingabe die beiden Geisteradler bewunderten. Ja, es gab sie noch, die Magie, sie musste nur hervorgelockt werden. Langsam lösten sich die Adler auf, zurück blieb ein stilles Publikum. Das Licht wurde wieder heller und beleuchtete die Manege. Dann plötzlich kam großer Applaus. Er wollte gar nicht enden. Die Tiere flogen und krabbelten mitten zwischen den Zuschauern und ließen sich streicheln. Malu lachte und flatterte zu Yuki.

„Siehst du, nun werden sie die Tiere im Zirkus nicht mehr vermissen, denn nun kennen sie uns und wissen, wie sie uns beobachten und sehen können. Wenn sie jetzt in den Zirkus kommen, dann wegen der Artisten."

Langsam leerte sich das Zelt, die Menschen gingen in tiefen Gedanken nach Hause. Die Tiere waren glücklich, so hatten sie doch heute ihre ganz besondere Vorstellung.

„Das Tier hat ein fühlendes Herz wie du. Das Tier hat Freude und Schmerz wie du. Das Tier hat einen Hang zum Streben wie du. Das Tier hat ein Recht zu leben wie du – frei und glücklich."
P.Rosegger, ca.1862

 Sei kreativ und male ein komplettes Bild daraus. Bäume, Blumen, Sträucher, Zirkusreklame, was du magst.

 Kreuze die Adjektive an, die zutreffen.

◎ sanft	◎ gruselig
◎ knuffig	◎ klug
◎ kräftig	◎ niedlich
◎ klein	◎ sanft
◎ verspielt	◎ freundlich
◎ chaotisch	◎ groß
◎ böse	◎ schlau

◎ schnell	◎ langsam
◎ herzlich	◎ weise
◎ liebevoll	◎ klebrig
◎ schwarz	◎ fleißig
◎ ledrig	◎ haarig
◎ flink	◎ komisch
◎ grauenvoll	◎ kariert

Blickwinkel

Glutrot senkte sich die Sonne am Horizont herab. In der Thermik der Lüfte sah man einen Falken seine Kreise ziehen. Plötzlich ließ er sich fallen. Senkrecht flitzte er zu Boden und bremste kurz vor dem Ende wieder ab, um langsam auf einem Felsen zu landen.

„Wow, was für ein Auftritt, Lisa. Ich dachte schon ich muss dich zerschmettert vom Boden kratzen."

Lisa lachte Mirko an, der sich neben ihr abseilte. „Nein, du weißt doch, dass wir Falken dafür ein Gespür haben. Ich kann das sogar mit geschlossenen Augen. Sag mal, wann erwacht Malu?"

Etwas Schwarzes flog schnell an ihnen vorbei. „Da bin ich schon. Was gibt es, dass du uns besuchst?"

„Oh, schön, dass du schon wach bist. Sag mal, hast du Lust mit mir ins Dorf zu fliegen? Dort sind neue Menschen eingezogen und sie haben ein kleines Mädchen. Ich habe es heute beobachtet und ich habe so das Gefühl, dass es dringend unsere Hilfe braucht. Es erschien mir sehr traurig."

„Ja, gerne, lass uns sofort losfliegen. Wir schauen mal nach, was es bedrückt. Vielleicht können wir helfen."

Malu machte sich mit Lisa auf den Weg zum Dorf. Das kleine Haus am Rande stand lange leer, doch nun waren die Fenster beleuchtet und auch am Balkon hingen Blumenkästen.

„Schau mal, Lisa, wie schön sie es gemacht haben. Es erstrahlt regelrecht im neuen Glanz. Irgendwie stimmt es mich nachdenklich, wenn ich dies so sehe. Vor Jahren bin ich eines Nachts schon einmal zu so einem Balkon geflattert und habe Selena kennengelernt."

„Oh Selena, wer ist das? Ich kenne sie gar nicht."

„Selena ist zu den Sternen gegangen. Doch ich erinnere mich voller Freude an sie. Denn sie war etwas Besonderes. Doch komm, lass uns nach dem Mädchen sehen."

Sie landeten auf der Balkonbrüstung und sahen ein kleines Mädchen in einem Schaukelstuhl sitzen. Doch es schaute nicht auf. „Pssst, huhu, kannst du uns sehen? Ich bin Malu und das ist Lisa."

Malu beobachtete das Mädchen genau. Langsam sah es auf. Ihre Augen waren von einer dunklen Brille verdeckt, sodass er nicht erkennen konnte, ob sie ihn ansah.

„Oh, Besuch, ich habe euch gar nicht kommen gehört und Mama hat auch nicht Bescheid gesagt. Wohnt ihr auch im Dorf?"

Malu stutzte. „Nein, wir wohnen im Wald. Komische Frage."

„Im Wald? Stehen da auch noch Häuser?"

Lisa stupste Malu an und wedelte mit ihren Schwingen vor dem Gesicht des Mädchens herum. „Oh, es kommt Wind auf. Ich liebe dieses Gefühl auf der Haut."

Ganz entsetzt riss Malu seine Augen auf. „Sag mal, wie heißt du?"

„Ich heiße Klara, doch was fragt ihr? Das müsst ihr doch wissen, wenn ihr mich besuchen kommt."

„Klara, ich weiß gar nicht, wie ich es dir erklären soll. Naja, ich bin eine Fledermaus und Lisa ein Falke. Wir sind keine Menschen. Deshalb wohnen wir im Wald."

„Klaro, und ich bin ein Außerirdischer. Veräppeln kann ich mich selbst, dafür braucht ihr mich nicht zu besuchen."

„Ok, sind wir mal direkt. So, wie ich es sehe ,bist du blind. Kannst uns also nicht sehen. Doch ich flattere jetzt ganz vorsichtig auf deinen Schoß und du darfst mich berühren. Doch bitte ganz vorsichtig, denn ich bin nur eine kleine Fledermaus." Malu hüpfte auf ihre Beine. Kurz zuckte Klara zusammen, dann hoben sich ihre Hände und ganz vorsichtig ertastete sie Malu. „Wow, wie cool. Das ist so abgefahren. Du bist wirklich eine Fledermaus."

„Sag ich doch die ganze Zeit. Ich bin Malu und wir kommen dich deshalb besuchen, weil Lisa, sie ist ein Falke, dich beobachtet hat und sah, dass du traurig bist."

„Traurig, naja, traurig direkt nicht, jedoch etwas einsam. Ich kenne noch niemanden hier. Wie ihr schon selbst festgestellt habt, kann ich nichts sehen. Ich bin blind."

„Bist du schon immer blind oder konntest du schon mal sehen?"

„Nein, Malu, solange ich mich zurückerinnern kann, sehe ich nichts. Meine Eltern sagen mir zwar, dass ich als Baby etwas gesehen habe, doch daran erinnere ich mich nicht mehr."

„Das ist echt doof. Also, ich könnte mir nicht vorstellen, nichts zu sehen. Es gibt so viel zu sehen auf der Welt."

Klara seufzte tief auf. „Ach, was man nicht kennt, wie soll man es vermissen. Ich lebe schon zwölf Jahre damit und man arrangiert sich. Doch manchmal, wie gerade jetzt, würde ich schon gerne sehen können."

Malu überlegte. „Mmh, sag mal, hast du schon Cody kennengelernt? Er hat ein Baumhaus an der großen Wiese und dort treffen sich immer alle Dorfkinder mit Moja."

„Moja kenne ich. Sie hat sich sofort vorgestellt, als wir ankamen. Sie ist für das Jugendzentrum zuständig, sagte sie mir. Sie war sehr nett."

„Na also, dann werden wir mal was organisieren. Warte hier auf uns. Es ist noch früher Abend, mal sehen, wo sie steckt."

Malu und Lisa flogen geschwind zum Baumhaus. Wie vermutet, waren dort die Kinder des Dorfes versammelt und auch Moja war dabei. Natürlich tummelten sich auch wieder einige Tiere herum.

„Moja ich habe da eine Bitte an dich. Kannst du Klara holen? Du weißt schon, das blinde Mädchen, das neu hierher gezogen ist."

Moja sah Malu an. „Dass ich da nicht selbst darauf gekommen bin. Klar hole ich sie her. Sie sitzt da ganz alleine zuhause und wir haben hier unseren Spaß. Bin gleich wieder da." Moja machte sich auf den Weg. Sie musste natürlich auch die Eltern überzeugen, dass sie Klara mitnehmen durfte.

Malu sah sich derweil um. „War ja klar, dass du auch hier bist."

Wisal grummelte. „Ich bin immer da, wo es schön ist, und heute finde ich es hier schön."

„Das ist eine gute Einstellung."

„Malu, wer ist Klara?", fragte Cody „Ich kenne sie nicht von der Schule oder geht sie noch in den Kindergarten?"

„Nein, Cody, Klara ist blind. Sie wird wohl auf eine spezielle Schule gehen."

„Oh, das ist doof, dann kann sie uns gar nicht kennenlernen."

„Doch, das kann sie, deshalb habe ich Moja geschickt, sie zu holen. Wenn wir doch wissen, dass es sie gibt, so können wir sie doch auch kennenlernen."

„Naja, sie ist blind, wie soll sie mit uns spielen?" fragte die kleine Nadja.

„Ach, am Spielen soll es nicht scheitern. Klar kann sie nicht alles mitmachen. Doch es gibt sicher etwas, woran auch sie teilnehmen kann. Wichtig ist erst mal, das sie Anschluss findet." Malu sah in die Ecke, dort saß ein Mädchen auf einen Sessel. „Jala, was sagst du dazu?"

„Seht doch mich an, ich kann nicht laufen und doch bin ich hier bei euch. Klar kann ich kein fangen mit euch spielen, doch andere Sachen gehen und schon alleine, dass ich dabei sein darf, ist für mich toll."

„Seht ihr, Jala spricht es aus. Es kommt nicht darauf an, was einer kann und was nicht. Wichtig ist erst mal, dass man ihn so akzeptiert, wie er ist, mit all seinen Höhen und Tiefen."

Von Weitem hörten sie Gelächter und schon erschien Moja mit Klara an der Leiter unterm Baumhaus. „So, Klara, nun musst du noch den Weg nach oben überwinden. Gib mir deinen Stock. Hier, Halte dich fest. Die Leiterstufen sind gleich hoch und es sind fünf Stück, dann wird eine hilfreiche Hand dich empfangen. Cody", rief Moja nach oben, „pass mal oben auf und hilf Klara. Ich bleib hinter ihr."

Klara setzte den ersten Fuß auf die Leiter, ertastete die zweite Sprosse und stieg empor. „Super, das klappt ja perfekt." Oben streckte ihr jemand die Hand entgegen und Klara ergriff sie und ließ sich hochziehen und zu einen Stuhl bringen.

„Hallo, ich bin Cody, mir gehört das Baumhaus. Schön, dass du da bist. Wir freuen uns immer über Besuch." „Hi, ich bin Klara. Ich kann euch nicht sehen, ich bin blind. Moja sagte jedoch, das würde nichts ausmachen und so bin ich mitgekommen."

Jala lachte. „Ach, das ist vollkommen egal hier. Ich bin Jala und ich kann nicht laufen. Normalerweise sitze ich im Rollstuhl, doch mein Papa bringt mich immer hierher und trägt mich nach oben."

Wisal krabbelte zu Klara und schaute sie an. „Ich bin Wisal, ein Waschbär, und das ist mein Teddy." Er legte Klara den Teddy auf die Beine. „Du kannst nix sehen. Sag mal, wie ist es, wenn man nichts sieht? Läufst du dann gegen alles? Wie findest du deinen Weg?"

„Wisal, so etwas fragt man nicht", sagte Jaro.

„Warum nicht, wenn ich es doch wissen will?"

Moja schmunzelte. „Also ich finde, es ist besser, direkt zu fragen als drum herum. Doch erst einmal stellen sich alle vor, die Klara noch nicht kennen. Damit sie weiß, mit wem sie es zu tun hat."

Nacheinander stellten sich alle Anwesenden vor.

Wisal hopste herum. „So, nun kennst du alle und nun will ich wissen, wie du deinen Weg findest. Wenn ich mit geschlossenen Augen durch den Wald renne, dann bleibe ich an jeden Baum hängen. Also, wie machst du es?"

Klara lachte herzhaft. „Also, dann werde ich es dir erklären. Zum einen habe ich einen Blindenstock. Hier, schau." Sie zeigte auf ihren Stock, den Moja neben ihr abgelegt hatte.

„Hey, ein Stock und damit kann man sehen?"

„Nein, Wisal, den Stock nimmt Klara, um zu fühlen ob etwas in ihrem Weg liegt, den sie gehen möchte. Sie schwenkt ihn über dem Boden hin und her und wenn er gegen etwas stößt, weiß sie, dass etwas im Weg steht, und sie kann ausweichen", erklärte Malu.

„Wow, das ist voll cool. Doch du kannst trotzdem nicht damit sehen. Wie willst du dann die tolle Natur und vor allem unseren Wald kennenlernen? Das ist voll doof. Gibt es keine neuen Augen für dich? Die Menschen bauen doch alles, warum können sie dir keine neuen Augen geben?"

„Ach, Wisal, es geht eben nicht. Doch ich kann auch ohne mit den Augen zu sehen, alles wahrnehmen. Ich muss eben meine anderen Sinne verstärkt nutzen."

„Welche anderen Sinne und wie funktioniert das?" Cody schaute ganz interessiert.

Moja klatschte in die Hände. „Meine Lieben ich habe da eine Idee. Schaffen wir es, Jala und Klara nach unten zu bekommen, dann machen wir ein Spiel."

Cody war mit seinen 14 Jahren der Älteste und mit vereinten Kräften schafften sie es, die beiden aus dem Baumhaus zu bekommen. Unten setzten sie Jala in ihren Rollstuhl und Klara ging an die eine Seite, um sich am Stuhl festzuhalten. So brauchte sie nicht ihren Stock.

„So, was machen wir nun für ein Spiel?" Wisal hüpfte schon wieder aufgeregt umher.

Malu landete auf der Lehne des Rollstuhles und die anderen versammelten sich außen herum.

Moja überlegte. „Mmh, wer ist überhaupt da? Jaro, Aylin, Nadja, Cody und natürlich Klara und Jala. Bei euch Tieren haben wir Wisal, Lisa, Luam, den Dachs, Samson und Jannik, die Marder, und natürlich dich, Malu. Also, Lisa und Malu, ihr bleibt hier sitzen. Die anderen fassen sich an den Händen, immer zwei zusammen. Wisal, du gehst mit Luam, ihr habt die gleiche Größe."

Als jeder seinen Partner gefunden hatte, schauten sie erwartungsvoll Moja an. „So, und nun schließt einer die Augen und ihr lauft los, über die Wiese. Derjenige, der die Augen offen hat führt den, der sie geschlossen hat. Ihr müsst dabei immer reden und Anweisungen geben. Achtet auf Bodenunebenheiten und sagt es eurem Partner, dass er nicht stolpert. Diejenigen, die die Augen zu haben, müssen sich auf ihr Gehör verlassen und gleichzeitig den Boden fühlen, um selbst zu merken, wo sie hintreten. Vertrauen ist gut, jedoch darf man sich nicht voll darauf verlassen."

Es ging los. Die ersten machten vorsichtige Schritte. Der eine oder andere stolperte. Wisal zog mehr Luam hinter sich her, als dass er ihn führte. „Wisal geh mal langsamer. Du bist der Sehende, also musst du dich an Luam anpassen und ihm auch ein sicheres Gefühl geben."

„Das ist voll schwer." Luam kicherte. „Weißt du, wie doof es ist, nix zu sehen und sich auf dich verlassen zu müssen? Ich bin wirklich lebensmüde."

Malu lachte schallend los. „Wechselt doch einfach. Wisal, schließ du die Augen, du wolltest schließlich wissen, wie es ist, blind zu sein."

Die beiden wechselten und Wisal stolperte. „Boah, ist das gruselig."

„Nein nicht gruselig. Bleibt mal stehen und nun spürt mal mit euren Füßen den Boden unter euch. Dann lauscht in die Welt und hört. Dann macht einen vorsichtigen Schritt. Ihr müsst eure anderen Sinne aktivieren. Dann wisst ihr, wie ich sehe, auch, wenn ich blind bin." Klara legte ihre Hand auf Jalas Schulter. „Ich sehe nicht mit meinen Augen, jedoch sehe ich durch meine Sinne und durch mein Herz. Ich höre die Natur und ihre Lieder. Ich spüre die Kraft der Luft und den Atem des Lebens. Meine Vorstellungskraft lässt mich im Inneren sehen, wie etwas genau aussieht, wenn man es mir beschreibt."

Jala sah auf. „Du nimmst dein Gebrechen an. Ich hatte Schwierigkeiten damit, doch nun akzeptiere ich es auch. Wir sind, wie wir sind. Egal, welches Handicap wir haben, wichtig ist, dass wir damit akzeptiert werden."

Moja lächelte in sich hinein. Sie sah die kleine Gruppe, die mehr stolpernd als gehend über die Wiese lief. Doch sie sah auch, dass sie immer sicherer wurden, und ab und zu kam auch ein erstaunter Ausruf.

Malu räusperte sich. **„Weißt du, es ist egal, welches Handicap jemand hat. Wichtig ist, dass wir ihn damit akzeptieren und vor allem es verstehen. Wenn wir uns hinein-**

versetzen und selbst mal spüren, mit welchen Schwierigkeiten er sein Leben meistert, dann merken wir, dass eine ungeheure Kraft in dieser Person steckt. Erst dann ist man berechtigt dazu ein Urteil zu fällen. Kinder haben einen Vorteil, sie sind ohne Vorurteile. Durch ihre Neugier und ihre Direktheit gehen sie alles ungezwungen an. Erwachsene haben es da schon schwerer, denn ihnen ist einfach zu vieles gleich peinlich und sie gehen gerne unangenehmen Dingen aus dem Weg. Dabei steckt auch in ihnen noch das Kind."

„Malu, wir können viel lernen von Jala, Klara und ihresgleichen. Wir müssen nur lernen, es zuzulassen."

Die Gruppe war mittlerweile wieder zurückgekommen und alle fielen sie erschöpft ins Gras. Cody schaute staunend Klara an. „Klara, ich verstehe, was du uns sagen wolltest. Man braucht keine Augen, um zu sehen. Klar gibt es Bereiche im Leben, wo Augen hilfreich sind. Doch das Wesentliche ist für die Augen unsichtbar, hier sieht man auch mit dem Inneren."

Wisal kroch zu Jala auf die Beine und ergriff ihre Hand. „Ich bin stolz, dass ich euch zu Freunden habe. Ihr habt euch außergewöhnliche Fähigkeiten angeeignet, um euer Leben zu meistern. Das finde ich voll cool und bewundernswert."

Malu grinste. „Genau so ist es und man kann auch zusammen Spaß haben, wenn man verschieden ist. Denn es kommt nicht auf das Äußere an. Wichtig ist nur, dass alle sich aufeinander einstimmen. Klara, du lächelst."

„Ja, denn ich war etwas unglücklich, dass ich hier noch keine Freunde gefunden hatte, und habe etwas Angst gehabt, dass man mich nicht akzeptieren würde. Doch nun sehe ich, dass es alles kein Problem ist, wenn man sich offen darauf einlässt. Vielen Dank, Malu, nun fühle ich mich hier zuhause, bei Freunden, die mich verstehen."

Malu und Lisa flatterten auf und jauchzend flogen sie davon.

 Weißt du noch was Klara gesagt hat?

„Ich sehe nicht mit meinen Augen, jedoch sehe ich durch meine Sinne und durch mein Herz.

Ich _______________ die Natur und ihre Lieder.

Ich _______________ die Kraft der Luft und den Atem des Lebens.

Meine Vorstellungskraft lässt mich im _______________ sehen, wie etwas genau aussieht, wenn man es mir beschreibt."

<u>Eine kleine Übung:</u> (bitte nur im Beisein von Erwachsenen.)

Lass dir die Augen verbinden und dann horche um dich herum. Nimm die einzelnen Geräusche und Gerüche wahr. Versuche sie zu beschreiben. Das kannst du auch mit Gegenständen machen, die dir in die Hand gelegt werden, oder lass dir was beschreiben und erkenne was es ist.

Als nächstes, lässt du dich von jemandem durch den Raum führen. Setze deine anderen Sinne ein, hören und fühlen und vor allem wirst du merken, das du sehr großes Vertrauen in den Menschen legen musst, der dich führt. Hier ist es auch sehr wichtig, dass er immer mit dir spricht und dich auf Stufen und Hindernisse hinweist.

Ein Gigant fällt

Stille herrschte im Wald. Kaum hörte man das Rauschen der Blätter. Es war die Ruhe nach dem Sturm. Am späten Nachmittag war ein Sturm über das Land gefegt, hatte Bäume entwurzelt und Äste abgeknickt. Der Waldboden sah wüst aus. Hier und da sah man einen Waldbewohner vorbeihuschen. Dann ein lautes Knacken und ein großer Baum fiel, nahm Teile des neben ihm stehenden mit und schlug mit einem lauten Krach zu Boden. Die Erde erzitterte, dass es Malu bis in seine Höhle hörte.

„Mirko, ist etwa ein Erdbeben bei uns?“

Mirko seilte sich vor Malu herab. „Nein, ein Orkan ist über das Land gefegt und dieses Krachen war die Aufgabe eines unserer Baumriesen, den der Orkan gelockert hat. Gegen solche Naturkräfte ist der stärkste Baum machtlos.“

„Oh, das ist schlimm. Ich werde nachsehen, wie die Lage ist.“

Malu flatterte in die Stille hinein. Er spürte noch immer dieses kraftvolle Erzittern der Natur. Sein ganzer Körper bebte. Er brauchte nicht lange, um zu finden wo der Baum zu Fall gebracht wurde. Er hörte schon von weitem die Tiere, die sich alle dahin aufmachten. Es war ein riesiger Gigant, der zu Boden gegangen war. Von oben sah er Wisal auf dem Baumstamm liegen und flog zu ihm. „Wisal, warum liegst du auf dem Baum?“

Wisal sah mit Tränen in den Augen zu Malu und schniefte. „Schau, nun ist er tot. Einfach so, nur wegen dem doofen Orkan. Ich möchte ihn noch einmal umarmen. Er war ein so großer, starker Baum.“ „Na na, sei mal nicht so traurig, das ist der Lauf des Lebens. Außerdem ist der Baum nicht tot. Erst wenn er sich ganz zersetzt hat, dann vergeht seine Seele in den Himmel. Jetzt hat er, als gefallener Baum, eine sehr große Aufgabe zu bewältigen. Er wird weiterhin Sauerstoff produzieren und Lebensraum für viele Käfer und Nahrung für viele Tiere sein. Solange der Mensch nicht eingreift und ihn hier wegbringt." Malu legte Wisal tröstend den Flügel an die Nase. „Komm mit zu Orenda, der Schamanin, dann zeigt sie dir, wie viel Leben in einem gefallenen Baum steckt."

„Ok, flatter schon vor, ich bin gleich da. Ich möchte noch eine Minute Abschied nehmen."

Malu sah in der Luft Sophia und flog zu ihr. „Ich bin auf dem Weg zu Orenda. Wisal ist traurig, dass der Baum gefallen ist. Vielleicht kann sie ihm etwas Zuversicht geben."

Am oberen See angekommen, sahen sie die Kräuterfrau an ihrem Lagerfeuer sitzen. „Hallo, hat euch der Sturm hierher gebracht? Ich habe gesehen, was er im Tal angerichtet hat. Doch es ist Leben in seiner reinsten Form."

„Ach, Orenda, Wisal ist so traurig, dass der Gigant fiel. Kannst du ihm helfen, über seine Trauer hinweg zu kommen?"

Wisal schlich aus dem Dickicht hervor, mit hängenden Ohren und seinen Teddy krampfhaft an sich gedrückt. Er kuschelte sich sofort auf Orendas Beine.

„Ach, mein Kleiner, du musst nicht traurig sein. Die Natur hat Magie und diese Magie schützt die Seele des Baumes. Ich möchte dir eine Geschichte erzählen. Die Geschichte von der kleinen Hirschkäferdame Hiwa."

Mittlerweile waren noch andere Tiere des Waldes angekommen und suchten sich einen Platz um Orenda. „Macht es euch bequem und lauscht meiner Erzählung."

Lautlos landeten Vögel auf den Ästen. Sie alle wollten die Geschichte von Orenda hören. „Es war ein wunderschöner Tag, als Hiwa schlüpfte. Sie war eine Hirschkäferdame. Sie krabbelte aus dem Eichenstamm und sah sich um. Sie verstand die Umgebung nicht, in der sie sich befand. Dann öffnete sie ihre Flügel und flog ihren Sinnen entgegen in den Wald. Ihr müsst wissen, dass Hirschkäfer zwischen zwei und acht Jahre brauchen, um sich zu entwickeln, vom Ei bis zum fertigen Käfer." Sie machte eine kurze Pause. „Irgendwann traf Hiwa auf einen alten Mann, der gerade eine Pause von seiner Wanderung einlegte. Er war am überlegen, was er noch in seinen Leben für eine gute Tat machen könnte. Er war jetzt 80 Jahre alt, hatte viel erlebt, doch irgendetwas wollte er noch tun. Geld hatte er, doch er brauchte es nicht. Denn er war viel in der Natur, hier fand er seinen Frieden. Hiwa landete neben ihm und sah ihn an. *Hallo, sag mir, warum ist der Wald hier so aufgeräumt? Wo sind die gefallenen Bäume?*

Der Mann sah auf die Hirschkäferdame hinab und staunte. *Du bist ein Wunder. Eine Seltenheit, die ich seit Jahren nicht gesehen habe. Beschreibe mir, wo du geschlüpft bist*

Hiwa überlegte. *Es war ein komischer Ort. Mein restlicher Stamm lag unter vielen komischen Hölzern eingeklemmt. Ich musste lange krabbeln, bis ich den Ausgang fand. Es waren ganz flache Bäume. Sie lagen aufeinander.*

Der Mann grummelte. *Dann kommst du aus dem alten Sägewerk. Du bist wirklich ein Glückskind. Denn das Stück Baum, in dem du lagst, wurde wohl vergessen. Sag mir, wo die anderen sind. Meine Lebensspanne ist kurz bemessen, doch ich muss für die nächste Generation sorgen. Das ist meine Lebensaufgabe.*

Schau dich selbst um, die Menschen nehmen das Totholz aus dem Wald und somit vernichten sie unbewusst eure Art. Hirschkäferarten wie du brauchen jedoch durch Pilzbefall zermürbtes Totholz, insbesondere von Eichen, um sich zu entwickeln. Da der Mensch jedoch dem gefallenen Baum gar keine Chance gibt, seinen letzten Sinn auf Erden zu erfüllen, als Totholz Leben zu spenden, gibt es euch nur noch sehr selten. Leider weiß ich nicht, wo ein Partner für dich zu finden ist. Hier nicht, denn hier räumen sie den Wald. Es darf nichts liegen bleiben. Doch schau mal hinterm kleinen Dorf westlich. Ich habe gehört, dort ist der Wald ziemlich wild.

Hiwa schaute ganz entsetzt. *Nein, das akzeptiere ich nicht. Ich werde so lange suchen, bis ich einen finde. Es ist mein Leben, das lass ich mir nicht von einem Menschen nehmen.*

Der alte Mann schaute traurig Hiwa hinterher, als sie weiterflog. Dieser kleine Käfer war so hoffnungsvoll und entschlossen. Dann ging er nach Hause. Am nächsten Tag saß er auf seiner Veranda und schaute in seinen Garten hinab. Das Grundstück erstreckte sich weitläufig dahin. Alte Obstbäume standen darin und eine riesige Wiese lag dazwischen. Er erfreute sich an den Bienchen die über die Wiese flogen und an den Vögeln, in den Bäumen, die ihr Lied sangen. Dann fiel ihm Hiwa ein. Plötzlich lächelte er und machte sich auf den Weg. Am nächsten Morgen fuhr ein großer Lastwagen vor und lud viele alte Baustämme und Wurzelstöcke ab. Er war recht erfreut darüber und ließ sie in den hinteren Ecken seines Gartens abladen. Ein Arbeiter fragte ihn: *Sag mir, was willst du mit diesem vergammelten alten Holz?*

Der alte Mann lächelte nur und sagte. *Leben erhalten.*

Der Arbeiter schüttelte den Kopf und ging, denn er verstand es nicht. Von da an nahm die Natur ihren Lauf. Jeden Tag schaute der alte Mann sein Holz an und erfreute sich daran." Orenda machte eine Pause.

„Sag mal, Orenda. Was wollte der alte Mann mit dem kaputten Holz?", fragte Wisal.

„Warte es ab, ich erzähle weiter. Es vergingen einige Jahre und Stürme, Schnee und Hitze setzten den Stämmen zu. Mittlerweile war der Mann schon 85 Jahre alt und immer noch erfreute er sich an seinem Holz, das mittlerweile mit Moos überwachen war und in dem viele Tiere hausten. Brennnesseln und Hahnenfußgewächse siedelten sich an und wuchsen dazwischen hervor und teilweise war es zerfallen. Jedes zweite Jahr ließ er neues altes Holz anliefern und legte es hinzu. Er stellte sich eine Bank auf. Ein Platz für sich. Viele waren entsetzt und sie sagten immer wieder, er möge das vergammelte Holz doch entfernen, es würde nur seinen Garten verschandeln. Doch er achtete nicht darauf. Eines Tages ging er wie gewohnt zu seiner Bank und blickte auf diese wilden, zerfallenden Gebilde. Er stutzte kurz und sah nochmal genau hin. Da sah er sie." Orenda schaute in die Runde.

„Was sah er, Orenda, komm ,sag es uns." Die Fuchskinder hörten ganz aufgeregt zu.

„Na, was sah er wohl? Aus den sich zersetzenden Stämmen krabbelten Hirschkäfer hervor und nicht nur diese. Auch Sägeböcke und Balkenschröter kamen an. Der Mann lachte laut los, schaute nach oben und sprach: *Hiwa, deine Seele ist schon lange im Himmel. Doch hier habe ich für dich deine nächste Generation gerettet. Ich habe ihnen einen Überlebensraum geboten. Schau sie dir an, wie es wimmelt. Es ist ein kleines Wunder. Du hast mir gezeigt, dass man die Hoffnung nicht aufgeben darf und es bedarf nur etwas Geduld und ein bisschen altes Holz.* Er lächelte und sein Herz war erfüllt mit Frieden, denn er hatte noch etwas Gutes erreicht in seinem Leben. Auch wenn es etwas war, was viele Menschen nicht verstanden. Er war glücklich."

Alle schwiegen und ließen das Ende der Geschichte auf sich wirken. Malu flatterte zu Wisal und sah ihn erwartungsvoll an. „Hast du es verstanden, was Orenda uns mit ihrer Geschichte sagen wollte?"

Wisal überlegte. „Ja, klar, Malu. Auch ein gefallener Baum bringt Leben. Unser Gigant wird Lebensraum für viele Käfer werden. Nur wie schaffen wir es, dass der Mensch ihn nicht wegholt?"

Sophia schmunzelte. „Das werden wir sehen, falls der Fall eintritt. Dann werden wir darum kämpfen, dass er liegen bleibt. Jetzt ist erst mal nur das Wissen wichtig, dass er immer noch eine Aufgabe hat und lebt. Ein stehender Baum ist etwas sehr Schönes. Doch auch ein gefallener birgt auch noch eine innere Magie. Es ist nur eine Sache der Ansicht und des Verstehens."

Orenda sah alle an. „Bedenkt jedoch, es gehört viel mehr dazu, dass die Käfer sich ansiedeln. Wichtig ist auch, das, das Holz Sonne bekommt, dass sich Pflanzen und Blumen darauf ansiedeln. Viele Käfer fressen sich als Larven durchs Totholz. Nach der Entwicklung zum Käfer stehen oft Blütenpollen und Nektar zuoberst auf der Speisekarte. Die Hirschkäferarten stehen auf der roten Liste der Menschen und solange der einzelne Mensch nicht begreift, dass auch Käfer für das ökologische Gleichgewicht wichtig sind, haben sie wenige Chancen zu überleben."

Sophia seufzte. „Es wird viel getan im Naturschutz. Man versucht den Lebensraum der Sammler, Bienen und Schmetterlinge wieder besser anzupassen. Doch irgendwie werden die Käfer vergessen. Ein Käfer ist wie eine Spinne, kein angesehener Geselle bei den Menschen. Doch es gibt immer mehr, die sich auch für den Käfer einsetzen. Ich denke, es fehlt nur an Information, denn viele wissen nicht, wie wichtig dieses Totholz für unsere Natur und deren Bewohner ist."

Wisal schnappte seinen Teddy und sprang auf. „Also, ich flitze jetzt mal zu Codys Baumhaus. Mal sehen ob er heute da ist. Dann erzähle ich ihm deine Geschichte und er kann sie in seiner Schule erzählen. Er sagte mir neulich, dass er so ein Refugium schreiben muss und nicht weiß, worüber."

Malu lachte. „Wisal, du meinst sicher ein Referat. Das ist eine tolle Sache, so kann er damit das Wissen weitergeben, so ist dann schon einmal ein Anfang gemacht. Grüße ihn schön von uns, denn für mich wird es jetzt Zeit, schlafen zu gehen. Schau, die Sonne zeigt schon die ersten Strahlen am Horizont."

Malu flatterte auf und auch die anderen Tiere zogen sich in den Wald zurück.

Sophia flog neben Malu und lächelte ihn an. **„Wissen rettet Leben. Jedes Wesen der Natur hat ein Recht auf Leben, auch wenn es nur ein kleiner Käfer ist. Denn alles in der Natur hat eine Aufgabe, um zum Leben auf unsere Erde beizutragen. Selbst ein gefallener Baum."**

Schau bei deinem nächsten Waldspaziergang genau hin. Suche diese gefallenen Bäume und entdecke das Leben darin.

 Notiere dir hier die Entdeckungen die du gemacht hast.

Patchwork

Lachen erscholl durch den Wald, als die Kinder des Dorfes mit Moja vorbeiwanderten. Malu hörte sie in seiner Höhle lachen und musste auch grinsen. Wie ansteckend doch so ein Lachen war. Die Sonne senkte sich gerade herab und das abendliche Schauspiel begann. „Maluuuu, heute großes Treffen bei Orenda. Die Kinder kommen. Ich flieg schon mal mit Sophia los", kam es von draußen.

„Ok, Mirko, ich komme gleich nach. Muss erst noch etwas Futter fassen." Malu flatterte aus der Höhle und schnappte sich, auf dem Weg zu Orenda, ein paar Fliegen und Falter, um seinen Energiehaushalt aufzuladen. Als er oben am See ankam, waren schon viele versammelt und die Kinder kamen gerade an. Orenda hatte ein kleines Lagerfeuer angezündet und außen herum, in sicherem Abstand, lagen Baumstämme zum drauf Sitzen. Bis sich jeder einen Platz um das Lagerfeuer gesucht hatte, verging einige Zeit. Es wurde mit viel Gelächter diskutiert, wer neben wem sitzen darf.

Orenda trat aus ihren Zelt und hatte heute eine bunte Decke über ihre Schultern gelegt. Diese bestand aus ganz vielen verschiedenen Stoffteilen, die aneinandergefügt worden waren. „Hallo, alle miteinander. Schön, dass ihr hier seid. Ich freue mich immer sehr, wenn ihr mich besucht." Sie ging zum Feuer und entnahm ihrem Beutel ein paar Kräuter und warf sie hinein. Sogleich stoben Funken gen Himmel.

Die kleine Nadja hob die Hand. „Orenda, was ist das für eine wunderschöne Decke, die du da um dich gelegt hast?"

Orenda lächelte. „Dies ist eine Patchworkdecke. Da steckt sehr viel Liebe drin. Wisst ihr, bei diesem Patchwork geht es darum, aus vielen kleinen, verschiedenen Teilen, etwas Großes, Schönes und Stimmiges zu machen. Es ist eine sehr schwierige Aufgabe. Nicht jeder Stoffrest ist gleich von der Farbe, der Qualität und der Stärke. Man muss sie so zusammenpassen, dass sie eine Einheit bilden."

Malu sah Orenda an. „Ist das indianisch?"

„Nein, der Ursprung dieser Technik kommt aus dem Orient. Die ersten Patchworkarbeiten lassen sich 3000 Jahre zurückverfolgen, nach Ägypten."

„Oh, das ist schon sehr alt. Ich finde, die Decke sieht wunderschön aus. Sie ist farbenfroh und strahlt Freude aus."

„Ja, doch bis sie vollendet ist, bedarf es vieler Überlegungen, vieler Entscheidungen und vor allen viel Geduld. Es ist nicht einfach, auch wenn es einfach aussieht."

Jala schaute in die Runde. „Was soll daran schwer sein? Man nimmt einfach Stoffreste, schneidet ein paar Vierecke und näht sie zusammen, bis es eine Decke ergibt."

„Wenn es so einfach wäre ... Jeder Stoff hat seine eigenen Eigenschaften. Sie müssen passend zusammengesetzt werden. Du kannst kein Stück altes Leder an einen zarten Seidenstoff hängen. Das wäre ein schlechter Übergang. Erst einmal musst du den Seidenstoff stärken, ihm die Kraft und Stärke geben, dass er sich an das Leder anschmiegt, oder man muss ein Stückchen Baumwolle dazwischen einfügen. Etwas, was beide Teile in Harmonie vereint. Also, ihr seht, es ist nicht immer leicht, auch wenn es leicht aussieht. Doch am Ende, wenn man sich darauf eingelassen hat, kann etwas faszinierend Einzigartiges entstehen."

Jaro stupste seine Schwester Aylin an. „Was schupst du mich?", flüsterte sie.

„Soll ich mal fragen?"

„Was?"

„Na das ... du weißt schon."

Moja blickte die beiden an. „Ihr könnt gerne alles fragen was ihr wollt. Was möchtest du denn wissen, Jaro?"

„Naja, also die Decke ist wirklich toll, doch … Also … naja."

„Nun raus mit der Sprache. Egal, was es ist, lachen tut hier keiner."

Alle schauten sie Jaro an. Er wurde etwas rot, da er nun die Aufmerksamkeit aller besaß. „Ok, warum nennen die Nachbarn uns eine Patchworkfamilie? Wir sind doch keine Decke." Nun war es raus und er blickte etwas verlegen in die Runde.

Mirko seilte sich herab und sah Jaro und Aylin an. „Dachte ich es mir doch. Doch ich finde, ihr seid ein tolles Geschwisterpaar. Wenn man nicht wüsste …"

„Was?", fragten einige.

Orenda hob die Hand und es kehrte wieder Schweigen ein. „Ihr seid etwas Besonderes wie diese Decke, deshalb sagt man Patchworkfamilie. Wie bei dieser Decke, die aus vielen Teilen besteht, ist eure Familie auch zusammengefügt. Jaro, deine Mama hat Aylins Papa geheiratet. So wurdet ihr zu Geschwistern. Doch nicht von Geburt her. Ihr seid wie diese Decke als Familie zusammengekommen. Deshalb nennt man solche Familien Patchworkfamilien. Moja, du hast viel damit zu tun, in deiner Jugendarbeit. Wie erkläre ich es ihnen?"

„Genau wie bei der Decke ist es nicht leicht, auch wenn es leicht aussieht in so einer Familie. Könnt ihr euch noch erinnern, wie es war, als ihr euch kennenlerntet, Aylin und Jaro?"

Aylin hob die Hand. „Naja, ganz ehrlich, ich fand es toll, einen neuen Spielgefährten zu bekommen, da wir erst hierher gezogen sind. Mama war so lange krank und als sie zu den Sternen ging, bin ich meist zuhause geblieben. Meine

Freundinnen wussten nicht, wie sie mit mir umgehen sollten, deshalb war ich froh, dass ich hier Jaro kennenlernte."

„Ja es war toll, dass Aylin da war. Mein echter Papa ist einfach abgehauen und viele haben mich deswegen gehänselt in der Schule. Ich war froh, jemanden zum Spielen zu haben."

„Wie war es, als ihr merktet, dass deine Mama und ihr Papa sich mögen?"

Verlegen schaute Aylin nach unten. „Naja, ich war böse mit Papa. Er liebte doch Mama, auch wenn sie nicht mehr da war. Ich spielte gerne mit Jaro, doch ich wollte nicht, dass Papa mit seiner Mama zusammen war. Das fand ich total doof."

Jaro grummelte: „Du warst auch total doof und gemein. So, als könne ich etwas dafür, dass sich unsere Eltern ineinander verguckt haben. Dabei fand ich es selbst auch nicht gerade cool."

„Seht ihr, genau wie bei einer Patchworkdecke. Erst mal beschnuppern und kennenlernen. Dann muss man sehen, was zusammenpasst. Der eine sagt so, der andere so. Es ist ein Kräftemessen, wer nimmt welche Position ein. Wird Jaros Mama zu Aylins Stiefmutter? Stiefmutter ist übrigens ein sehr alter Begriff, den ich nicht gutheiße. Denn wir kennen Stiefmütter aus Märchen und da sind sie immer böse. Deshalb finde ich diese Bezeichnung nicht gut."

Jaro meldete sich. „Ich hatte mehr Angst davor, dass Aylins Papa mir nun was zu sagen hätte und dass ich ihn Papa nennen soll. Ich war mit Mama alleine sehr glücklich."

Orenda sah Jaro an. „Das glaube ich dir. Doch war deine Mama auch glücklich? Sicher war sie glücklich, dass du da warst, doch ihr fehlte trotzdem was und das fand sie in Aylins Vater. Glaubt mir, die beiden haben sich viele Gedanken gemacht. Doch wer nichts wagt, der nichts gewinnt. So eine Patchworkfamilie zusammenzufügen, um eine Harmonie zu erzielen, ist wirklich eine sehr schwierige Aufgabe."

Aylin lachte. „Ja, das war es wirklich. Oft denken wir zurück und dann lachen wir selbst darüber. Was waren wir doch alle stur. Jeder wollte recht behalten, keiner nachgeben. Doch wir haben es zusammen geschafft."

Jaro gluckste. „Ich war echt voll gemein. Doch dann sah ich Mama weinen und sie sagte mir, dass sie mir doch nichts Böses wolle und ich soll mir doch mal Gedanken machen, was wirklich wichtig ist. Sie meinte, das Aylin doch bisher eine super Spielfreundin war, warum dann nicht auch eine tolle Schwester? Das brachte mich zum Nachdenken. Denn wer kann schon sagen, dass seine Schwester die beste Freundin ist."

Malu schaukelte am Ast hin und her. „Das war sicher megaschwer, die Einsicht, vor allem für ein Kind, und eure Eltern hatten es sicher auch nicht leicht, denn sie mussten ja sehen, wie sie den neuen Familienalltag gestalten. Wer was darf und wer nicht. Boah, das stelle ich mir enorm schwer vor. Was für ein Durcheinander."

Orenda lächelte. „Genau, Malu, wie bei einer Patchworkdecke. Erst liegen viele verschiedene Stoffe auf einem Haufen. Das totale Chaos. Wenn man dann etwas Ordnung hineingebracht hat, sieht es schon besser aus. Doch ausschlaggebend ist am Ende, wenn die Harmonie stimmt und etwas Außergewöhnliches daraus entsteht."

Jaro lächelte. „Jetzt verstehe ich, warum man Patchworkfamilie zu uns sagt."

Aylin schupste Jaro an. „Jetzt sag bloß nichts Falsches. Wir sind auch so eine tolle Patchworkdecke, wie Orenda sie heute trägt. Denn unser Leben ist voller bunter Farben und wir verstehen uns mittlerweile sehr gut, Bruder."

Jaro lachte schallend los. „Ja, Schwester, noch bunter und fröhlicher kann unsere Patchworkfamilie nicht sein. Eben einzigartig."

Tiere wie Kinder lachten mit den beiden mit. Wenn man es nicht gewusst hätte, würde man nicht glauben, dass sie keine echten Geschwister waren. Sie waren Geschwister im Herzen, denn sie hatten eine sehr schwere Zeit durchgemacht, um etwas sehr Wertvolles zu erlangen – eine Familie.

Es wurde noch lange gelacht und geredet am Lagerfeuer bei Orenda. Malu beobachtete alles von seinem Ast aus, an dem er hing. Es war wieder so eine Nacht, in der er spürte, wie schön das Leben doch sein kann.

 Gestalte deine Patchwork Decke. Stell dir vor die Kästchen sind Stoffreste. Du kannst in jedes Kästchen noch Muster zeichnen, farblich gestalten, Fransen hinzufügen und überlegen, welche Farben und Muster zusammenpassen. Sei kreativ.

Sternenzauber

Malu flatterte aus der Höhle hinein in die farbenfrohe Pracht des Abendhimmels. Mirko war nicht zu sehen, doch das war egal, sicher war er wieder mit Sophia unterwegs. In letzter Zeit machte er das öfters. Malu verstand das, denn Mirko konnte ja nicht so weit krabbeln, um auch einmal etwas Neues zu sehen und zu erleben. Er fand es gut, dass sich Sophia und auch Imani darum kümmerten, dass er bei ihnen hin und wieder mitreisen durfte.

Der Abend war sehr schön. Die Luft war lau und der Wald wurde von den letzten Strahlen der untergehenden Sonne erhellt. Er flog erst einmal zickzack um die Bäume, geradewegs auf die große Eiche zu. Von weitem sah er schon seine beiden Freunde darauf sitzen. „Guten Abend, ihr zwei, ich wusste doch, dass ich euch hier finden kann."

Sophia lachte. „Guten Abend Malu, wir sind schon etwas eher los und dachten, dass du uns hier finden würdest."

Mirko grinste. „Ich hatte heute mal Lust, was anderes zu sehen, deshalb ließ ich mich abholen."

Malu setzte sich auf den Ast neben Sophia und legte seine Schwingen um sich rum. „Sag mal, Sophia, ich hab da einmal eine Frage? Also, neulich haben wir mein Glitzerfest gefeiert, das ist so etwas wie das Weihnachtsfest gewesen, das ich nie mitbekomme. Doch das hat mich auch neugierig gemacht. Sag mir, wie ist der Winter?"

Mirko schauderte. „Kalt, einfach nur kalt. Ich verkrümmle mich dann immer ganz tief in die Höhlen und das weiße Zeug, das sie Schnee nennen, ist auch total kalt und nass." Malu schaute beide mit großen Augen an. „Ich dachte, das ist etwas Schönes. Die Kinder erzählen immer, dass Schnee toll ist."

Sophia schmunzelte. „Weißt du, Malu, es ist wie bei allen Dingen – eine Sache der Ansicht. Ich will euch einen frostigen Tag beschreiben." Sophia plusterte ihr Gefieder auf und holte tief Luft. „Die Nacht weicht langsam zurück und die ersten Schlieren der aufgehenden Sonne erscheinen am Horizont. Noch sieht man den Mond immer blasser werden am Himmel. Die Luft ist eisig und wenn man Luft holt, sieht man seinen Atem vor sich. Jedoch ist sie auch sehr rein und frisch. Dann beginnt das Schauspiel, das Firmament fängt an, in vielen Rottönen zu erstrahlen. Wenn man auf die Wiesen und Felder schaut, erkennt man eine weiße glitzernde Schicht. Jeder einzelne Grashalm ist mit Eis überzogen. Jeder Strauch, jedes Blatt, das den Herbst überlebt hat, ist betroffen. Im Dorf sind die Dächer weiß vereist und aus den Schornsteinen steigt Qualm empor. Wenn die Sonne ihr erstes Licht auf diese Schicht wirft, funkelt und glitzert es überall. Es ist eine zauberhafte Welt, die sich da eröffnet. Die Stille ist besonders bewegend. So, als würde der Reif, der sich niedergelassen hat, alle Töne mit sich nehmen."

Malu zwinkerte. „Oh, das muss wunderschön sein. Doch wo ist er Schnee?"

Sophia hob den Flügel. „Der Schnee? Schnee sind gefrorene Regentropfen. Dadurch, dass es sehr kalt ist in den Luftschichten, gefriert der Regen und kommt in weißen Eiskristallen auf die Erde. Sie sehen aus wie kleine weiße Sterne, die vom Himmel fallen und sich auf die Natur niederlegen, ganz sanft und leise. Alles wird mit abertausenden dieser weißen Sterne überzogen. Scheint die Sonne darauf, erscheint es wie Kristalle. Nachts erhellt dieser Sternenteppich die Natur, dass es erscheint, als wäre es Tag. Es ist eine beeindruckende Landschaft und die Stille, die sich über die Natur legt, macht das Ganze zu etwas Magischem. Unter dem Schnee ist die Flora und Fauna geschützt, denn nun kann kein Frost und keine Nässe ihr mehr schaden. Es ist, als würden die Eissterne sie wärmen und geborgen in ihren Armen halten. Dieser Schutz der Winterruhe ist wichtig, damit sie im Frühjahr kraftvoll erblühen können. See und Bachläufe erhalten eine Eisschicht und darunter überdauern schlafend die Tiere des Wassers den Winter. Oftmals kann man nicht mehr erkennen, wo das Ufer aufhört und der See beginnt. Alles ist eine Fläche, nur durch die Schilfhalme, die sich aus dem Eis recken, erkennt man, wo der See ist."

„Wow wie toll, schade, dass ich das nie erleben kann. Ich würde in dieser weißen Pracht voll auffallen bei Nacht. Wie ein schwarzer Schatten würde ich darüber flitzen. Warum lieben dann viele Menschen den Winter nicht, wenn er doch so schön ist?", fragte Malu.

„Es ist so, dass viele Menschen nur die Kälte und Nässe sehen. Das sie beim Autofahren Probleme haben, schneeschippen und frieren. Sie müssten sich Zeit nehmen, um zu sehen und zu fühlen. Sie sollten mit offenen Augen durch die Natur gehen und diese Winterlandschaft annehmen. Sie sollten tief durchatmen, um die Reinheit der Luft und die magische Stille der Natur zu genießen. Dann würden sie sich auf diese Jahreszeit freuen. Ein klitzekleines Umdenken und schon ist Schnee nicht mehr Schnee, sondern es sind viele Eissterne. Sterne sind etwas Helles, Fröhliches, bringen Hoffnung und Kraft und sie funkeln und glitzern."

„Ja, genau, und sie machen Freude im Herzen", lachte Malu.

„Genau so ist es, eine Sache der Ansicht." Mirko schnaubte. „Tja da haben wir den Salat, Ansicht ist nix weiteres als Umdenken. So einfach und für so viele so schwierig."

Malu breitete seine Schwingen aus und flatterte empor. „Heute werde ich von Eissternen träumen, die sich in meine Höhle verirrt haben. Denn das Leben ist schön, egal, welche Jahreszeit wir haben." Flugs flog er von dannen und seine Freunde schauten ihm lachend hinterher.

„Flöckchen wundervoll, zart kristallisiert, sich reinlich, sternengleich verweben, in flauschigen Gebilden arrangiert, wie feenhafte Wesen niederschweben. Naturzauber in höchster Vollendung, Glanz und Schönheit der Schöpfung, alles in gedämpfter Ruhe versinkt, weißes Wunder die Welt verschlingt." (Horst Reiner Menzel)

 Kreuze das richtige an. 

Was möchte Malu einmal mitbekommen?

◎ den Sommer ◎ den Winter

◎ den Herbst ◎ den Frühling

Wie stellt sich Malu Schnee vor?

◎ er ist klebrig ◎ als etwas Schönes

◎ schwer und feucht

Weißt du was Schnee ist?

◎ Wolkenstaub

◎ Federn von Frau Holles Kissen

◎ Eiskristalle von gefrorenem Wasser

Lust zum basteln? Zeichne die Schneeflocken ab, schneide sie aus und dekoriere dein Fenster.

Herzen

Malu erwachte und flatterte direkt zum Höhlenausgang. Dort stutzte er und sah sich nach Mirko um. Alle Netze waren verlassen. „Mirkooooo, wo bist du?" Es blieb still. Wo war er, fragte sich Malu. Er flog in den Wald hinein und dabei bewunderte er die schönen Farben, die der Abendhimmel in die Natur warfe. Es war wieder mal einzigartig. Die letzten Strahlen der Sonne warfen Muster an die Bäume, einfach nur wunderschön. Er liebte diese Zeit und oft verbrachte er diese kurzen Augenblicke mit Mirko vor der Höhle, bevor er losflatterte, doch heute war Mirko nicht da und das machte ihm Sorgen.

Unter ihm am Waldboden huschte Saira, das Eichhörnchen, entlang. „Hey, Saira, wohin so eilig, hast du Mirko gesehen?", rief er ihr entgegen.

Saira schaute nach oben. „Guten Abend, keine Zeit, und nein, ich habe ihn nicht gesehen." Und schon war sie wieder weg.

Malu wunderte sich, denn normalerweise hatte Saira immer Zeit. Irgendwie kam ihm heute alles anders vor. Er hörte ein Rauschen und Imani, der Bussard, gefolgt von Lisa, dem Falken, kam mit einer hohen Geschwindigkeit auf ihn zu. „Ups, hey was habt ihr es so eilig?"

Imani drehte sich im Flug um. „Hey, Malu, schönen Abend ... keine Zeit." Und schon waren sie wieder weg. So langsam wurde es Malu mulmig. Was war da nur los? Er erspähte Claudio, den Feuersalamander, am Boden, doch so schnell, wie er ihn sah, war er auch schon wieder entschwunden. Also, da sollten ihn doch ... Das war ja nicht zum Aushalten, alle in Hektik.

Malu entschied sich, zur großen Eiche zu fliegen, dort angekommen hängte er sich an einen Ast und schaute in den Wald. Es war ein superschöner Abend. Alles funkelte und glitzerte im Abendrot. Langsam fing er an hin und her zu baumeln. *„Ach, das Leben war schön, wenn man diese kleinen Momente erleben darf,"* dachte er so bei sich. Doch noch immer machte er sich Gedanken, wo Mirko wohl war. Plötzlich bewegte sich sein Ast, an dem er hing, und er schaute nach oben. Lautlos war Sophia gelandet und aus ihrem Gefieder krabbelte Mirko. „Menno, wo wart ihr? Ich habe mir Sorgen gemacht, als ich dich nicht am Höhleneingang sah."

Malu schwang sich hoch und schaute Mirko an. „Malu, du brauchst dir keine Sorgen zu machen, ich komme immer wieder, das weißt du doch. Heute hatte ich einfach mal Lust, mit Sophia etwas zu fliegen und so sind wir früher los." Malu grummelte vor sich hin.

„Malu jetzt sei nicht eingeschnappt. Eigentlich wollten wir zurück sein, wenn du erwachst, doch wir wurden aufgehalten", sagte Sophia.

„Alles wieder gut … jetzt seid ihr ja da, was hat euch denn aufgehalten?"

Mirko und Sophia sahen sich an und legten beide gleichzeitig los. „Also, das war so, wir haben Georg getroffen …"

„Also, wir haben Cody getroffen …"

Malu verdrehte die Augen. „Na, kommt, lasst es gut sein, so, wie ich das sehe, habt ihr alle getroffen. Ihr seid entschuldigt." Malu lachte.

Sophia stupste Mirko mit ihrem Flügel an und zwinkerte die Augen zu. „Also, Malu, da wir nun da sind, was machen wir heute Nacht?"

„Ich denke, wir nehmen uns die Zeit und suchen Herzen."

Mirko schaute Malu fragend an. „Herzen suchen?"

„Ja, fiel mir gerade ein, als ich den schönen Abendhimmel beobachtete und die letzten Strahlen durch die Bäume fielen, da warf das Licht ein Herz an die große Buche. Es währte nur einen kurzen Augenblick doch es war ein Herz. So dachte ich mir, ich suche heute Nacht Herzen."

Sophia schmunzelte. „Wo willst du suchen, jetzt ist es dunkel, nur der Mond und die Sterne erhellen die Nacht."

Malu flatterte auf. „Folgt mir, wir fliegen runter zum Fluss."

Mirko beeilte sich, in Sophias Gefieder zu krabbeln, und schon schwebten sie durch den Wald zum kleinen Bächlein. Denn mehr war es nicht. Dort landeten sie am Ufer und sahen Malu zu, wie er von einem großen Stein ins Wasser starrte.

„Was jetzt?", seufzte Sophia.

„Hab ich doch gesagt, Herzen suchen."

„Malu, meinst du, die liegen da im Wasser rum?"

Malu atmete tief durch und plötzlich schrie er los: „Schaut da, mitten im Bach ist ein Herz. Kommt, schaut es euch an."

Mirko krabbelte neben Malu und starrte auf die Stelle, auf die Malu zeigte. „Wo?"

„Ihr müsst genau hinschauen, seht ihr den kleinen flachen Stein neben dem Schilf am Boden? Er hat die Form eines Herzens."

Alle schauten sie gebannt ins Wasser und tatsächlich, der Stein hatte die Form eines Herzens.

„Wow, echt krass, da liegt ein Herz mitten im Wasser und nur, wenn man genau hinsieht, sieht man es. Es ist, als hätte es sich absichtlich versteckt", hauchte Malu leise.

Lange schauten sie alle drei das Herz an und erfreuten sich an dem Fund. Nach einiger Zeit flatterte Malu auf. „Kommt wir schauen, ob wir noch mehr Herzen finden."

Sophia folgte und sie flogen weiter. Es war eine sehr schöne Nacht und die Sterne funkelten am Himmel, nur vereinzelt waren Wolken zu sehen. „Schaut dort oben, ich habe auch ein Herz gefunden", rief Mirko aus dem Gefieder.

„Wo?"

„Da oben, schaut die kleine Wolke neben dem Mond an, sie hat die Form eines Herzens."

Alle schauten sie in den Himmel und tatsächlich, für einen kurzen Augenblick, hatte die Wolke die Form eines Herzens angenommen. Nur ein kurzer Augenblick, wo die Wolke die Form annahm, doch genau in diesem Augenblick schaute Mirko empor und sah es. **Diese kleinen Augenblicke waren es, die das Leben besonders machten**. Sie zogen weiter zur großen Wiese. Dort flog Malu einige Looping und schaute sich um. „Seht ihr was?"

Sophia flatterte lautlos knapp über die Wiese, doch sie sah nichts. Doch da unten regte sich etwas. Ein Erdhügel entstand und Galdur, der Maulwurf, erschien. „Hallo, ihr da oben, was fliegt ihr hier kreuz und quer über die Wiese?"

Malu grinste. „Wir suchen Herzen."

„Ach so, wenn es weiter nichts ist, dann buddel ich mal weiter." Und schon war er wieder verschwunden.

Am Ende der Wiese sah Malu eine tiefe Furche in der Erde und flog darauf zu. „Schaut, kommt her, ich glaube, hier könnte sich ein Herz versteckt haben."

Alle huschten zu der Furche und besahen sie sich näher. Tatsächlich, der Traktor des Bauern hat eine tiefe Rille in die Wiese gefahren und mittendrin hatte sich in der Form eines Herzens Wasser gesammelt. Alle staunten sie. „Boah, echt unheimlich, wie viele Herzen sich versteckt haben, wo man keine erwartet", flüsterte Mirko.

„Das macht Spaß. Was meint ihr wo noch welche versteckt sind?" Malu schaute fragend seine Freunde an.

Sophia überlegte. „Wisst ihr, ich denke, wenn wir genau hinschauen und uns auf Herzen fixieren, werden wir auch noch viele finden. Wichtig ist nur, dass wir richtig sehen, selbst mit offenen Herzen durch die Natur wandern. Sie sind überall versteckt. Ich habe schon einen Baum gesehen, dessen Wurzeln in Herzform verschlungen waren."

„Genau so sehe ich das auch. Es macht auch Freude, Herzen zu suchen, denn es fordert uns auf, genau hinzusehen und achtsam durch die Natur zu gehen. Wenn man schnell durchhuscht, sieht man es nicht." Malu lächelte voller Freude. Die drei flogen zum Waldrand und setzten sich auf eine große Buche, sodass sie die Wiese überblicken konnten. Sie lauschten und aus dem Wald flatterte Imani, der Bussard, herbei. „Hallo, was macht ihr hier?"

„Wir suchen Herzen", sagten sie gemeinsam.

„Ui, da werde ich euch ein Herz herbei zaubern, passt auf …" Imani flog einmal über die Wiese, dann gab er einen schrillen Pfiff von sich. Plötzlich flogen lauter kleine Lichtpunkte über der Wiese auf und man konnte kaum seinen Augen trauen, über der Wiese entstand ein großes funkelndes Herz. Zusammengesetzt aus lauter einzelnen Glühwürmchen. Es sah fantastisch aus. Alle staunten sie und ließen diesen tollen Anblick auf sich wirken. Malu sah nach oben in die Sterne und dort, wenn man genau hinsah, sah man die Spiegelung der Glühwürmchen in den Sternen am Himmel – ein superschönes Herz. Lange saßen sie zusammen. Schweigend, ergriffen, staunend. Herzen, die Liebe, Glück, Freude und Freiheit ausstrahlten. Die Natur war voll davon – wenn man mit dem Herzen schaut, denn das Wesentliche ist für die Augen unsichtbar. So ging wieder eine sehr schöne Nacht zu Ende und als Malu später an seinen Schlafplatz die Augen zumachte, träumte er von Herzen.

Kleine Übung:

Herzen gibt es überall zu sehen, jedoch diese besonderen Herzen formt die Natur, und wir können sie nur sehen, wenn wir achtsam sind und genau hinschauen.

Sie verstecken sich in der Form eines Steines. In einem Blatt des Baumes. In den Wolkenbildern, und selbst die Sonne kann am Abend Herzen mit ihren letzten Strahlen, an Wände und Baumstämmen formen.

Benutze deine Fantasie, suche bewusst danach und du wirst überall diese besonderen Herzen finden.

Gefahren

Der Wald war in Aufruhr. Was war da bloß los? Wisal rannte auf die Höhle zu. Schon von weitem rief er: „Maluuuu, Mirkooo kommt schnell!"

Mirko seilte sich vom Fels ab. „Wisal, was ist denn los, dass du so brüllst?"

„Mirko, wecke rasch Malu auf, irgendwas ist da los, es sind ganz viele Kinder im Wald und das zu dieser Abendstunde."

Malu flatterte heraus und schaute Wisal an. „Was brüllst du so, dass ich fast von meinem Fels gestürzt bin, vor Schreck?"

Wisal verdrehte die Augen. „Menno so hört mir doch endlich mal zu. Es sind ganz viele Kinder im Wald und das zu dieser Abendzeit, da muss was passiert sein."

Malu gähnte. „Ok, da schauen wir mal nach. Mirko, wir sagen dir später bescheid. Komm, Wisal, dann wollen wir los." Er ignorierte ausnahmsweise mal die schöne Abenddämmerung und flatterte hinter Wisal her in den Wald. Als sie zu der kleinen Lichtung kamen, stutzte er. Auf der Wiese saßen in einem Kreis viele Kinder und in der Mitte hatten sie ein kleines Lagerfeuer angezündet. Er sah jedoch auch, das Orenda, die Schamanin, und Moja dabei waren.

Malu flatterte näher. „Hallöle, was treibt ihr hier mitten am Abend, wo es doch gleich dunkel wird?"

Moja hob den Kopf. „Oh, guten Abend, Malu, du kommst gerade recht, komm zu uns, wir machen heute mit den Kindern einen Naturabend."

Malu landete und krabbelte zu Moja auf die Decke. Wisal hüpfte herbei, zur Belustigung der Kinder. „Huhu ich bin auch da."

„Ach, Wisal, du darfst natürlich auch nicht fehlen. Also komm her und leiste uns Gesellschaft."

In der Luft rauschte es und Sophia flog heran. „Guten Abend, was macht ihr hier?"

Orenda lachte. „Also, wenn das so weitergeht, ist gleich der ganze Wald hier versammelt. Wir haben heute vor, den Kindern einen Naturabend zu bescheren und dazu sind wir heute Abend hier zusammengekommen."

Plötzlich wurde es unruhig auf der Lichtung und aus dem Wald trat Hope, die Füchsin, und sie hatte ihre kleine Adia auf dem Rücken liegen. „Hallo, kann mir jemand helfen?"

Cody, einer der kleinen Jungen, sprang auf und rannte zu Hope. „Was ist passiert mit Adia?" Ganz vorsichtig hob er das kleine Fuchskind von seiner Mutter und brachte es zu Orenda ans Feuer. Liam, der kleine Bruder von Adia, sprang aus dem Wald. „Die doofen unverantwortlichen Menschen. Meine kleine Schwester ist verletzt, wegen der doofen, unverantwortlichen Menschen."

Orenda nahm Adia entgegen und dann sahen alle, dass ihr Vorderlauf voller Blut war. Hope trat näher und leckte es ab. „Bitte helft meiner Kleinen. Sie ist irgendwo reingetreten beim Spielen. Liam holte mich gleich, doch sie konnte nicht mehr laufen und seit einiger Zeit ist sie auch nicht mehr bei Bewusstsein."

Liam schimpfte vor sich hin. „Wir konnten es nicht sehen, wir spielten und dann hörten wir einen Hund bellen und wir rannten los, um uns zu verstecken, und plötzlich knickte Adia ein und jaulte. Ich lief zurück und da funkelte was Grünes zwischen den Ästen am Boden. Doch ich sah nur das Blut und versuchte sie zu stützen. Doch weit kamen wir nicht, also versteckte ich Adia und holte Mutter. Dann hörten wir, dass ihr hier seid, und Mama sagte, da wird Adia geholfen, also sind wir hier."

Sophia flog auf. „Komm, Liam, während man sich um Adia kümmert, zeigst du mir mal die Stelle, an der es passiert ist." Sophia flog hinter Liam in den Wald. Orenda nahm ihren kleinen Beutel und holte ein paar Kräuter heraus. Damit machte sie einen Umschlag um Adias Beinchen. „Es ist kein tiefer Schnitt, doch hat sie viel Blut verloren und wir müssen nun hoffen, dass die Blutung bald aufhört und sie wieder an Stärke gewinnt. Sie legte Adia vorsichtig auf den Boden und sogleich rollte sich Hope um sie herum. Seufzend schaute sie in die Runde der Kinder, die alles schweigsam beobachtet hatten. „Nun warten wir mal auf Sophia, was sie entdeckt."

In diesem Augenblick kamen auch schon Sophia und Liam zurück. Sophia landete auf Mojas Schulter. „Tja, Liam hatte recht, es lag an den unverantwortlichen Menschen. Es waren zerbrochene Flaschen, sinnlos weggeworfen. Eine große Gefahr für uns Tiere."

Orenda schüttelte den Kopf. „Immer wieder dieses Problem. Gut, dass wir heute hier sind, sonst hätte die kleine Adia keine Chance."

Ein kleines Mädchen hob die Hand. „Es ist doch immer viel Müll im Wald und ich habe mich auch schon geschnitten und ich lebe noch."

Malu schaute alle an. „Wisst ihr, der Mensch hat Ärzte, die ihm helfen, doch wir Wildtiere haben so etwas nicht. Klar passen wir auf, dass nichts passiert, wir kennen die Gefahren und trotzdem passiert es. Wenn ihr zugehört habt, was vorhin Liam geschildert hat, die Situation, wie es passiert ist, dann würdet ihr die Gefahr auch verstehen."

Alle schauten Malu an. Moja strich über Sophias Federkleid. „Kinder, was macht ihr, wenn ihr Gefahr wittert oder Angst habt, ihr flüchtet, um euch zu verstecken. In dem Moment achtet ihr auch nicht mehr darauf, wohin ihr tretet. Genauso geht es den Wildtieren im Wald. Liam und Adia spielten und dann hörten sie den Hund, wahrscheinlich sogar ein Freilaufender, und ihr Instinkt sagte flüchten und sie rannten los. In dem Augenblick achtete niemand mehr auf die Gefahr am Boden und so passierte es. Es ist zwar nur eine kleine Verletzung, doch dadurch, dass sie viel Blut verloren hat, wurde sie schwächer und verlor das Bewusstsein. Das ist eine große Gefahr, denn nun ist der Organismus geschwächt und hätte Orenda ihr nicht mit den Kräutern geholfen, hätte sich diese kleine Wunde entzündet und Adia wäre gestorben.“

Die Kinder schauten alle entsetzt drein. Malu schüttelte den Kopf. „Müll ist eine sehr große Gefahr für uns Tiere des Waldes. Klar sind wir nicht dumm und kennen es – doch liegt es auch in unserer Natur zu flüchten vor Gefahren und diese sind oftmals freilaufende Hunde, unsere natürlichen Feinde, der Mensch, sogar Gewitter, Geräusche und Regen zählen dazu. In diesem Moment wird dieser achtlos weggeworfene Müll zu einer tödlichen Falle für alle Tiere.“

Die Kinder schauten Malu mit großen Augen an. Die kleine Aylin fragte. „Wenn ich durch den Wald gehe, sehe ich oft Müll liegen, jedoch verstehe ich nicht, warum ein kleines Stückchen Papier, von einem Bonbon zum Beispiel, so eine Gefahr sein soll? Scherben verstehe ich ja und den Sperrmüll der unzulässig entsorgt wird.“

Orenda seufzte. „Auch so ein Papier kann eine große Gefahr sein. Es gibt Tiere, die riechen die Süße und versehendlich schlucken sie das Papier mit. Das verklebt dann den

Magen und sie sterben mit großen Schmerzen. Es sind Tiere. Wenn sie etwas finden, das nach Futter riecht, können sie nicht mehr unterscheiden, ob es gut oder schlecht ist für sie. Sperrmüll ist eine Gefahr, da sich darin oft scharfe Gegenstände befinden wo man sich verletzen kann."

Moja überlegte. „Wisst ihr, am besten ist, wenn man immer eine Tüte dabei hat im Wald und vielleicht ein paar Einweghandschuhe. Dann kann man achtlos weggeworfenen Müll aufsammeln und mitnehmen. Natürlich sollte man in erster Linie seinen eigenen Müll gar nicht erst wegwerfen und vor allem, wenn man sieht, dass jemand eine größere Menge Müll entsorgt hat, dies auch den entsprechenden Stellen melden. Da gibt es viele Möglichkeiten, den Förster, die Stadt oder das Grünflächenamt. Merkt euch die Stelle und gebt es weiter. Das ist ein Anfang, um die Gefahr einzudämmen."

Malu schaute die kleine Adia an, die mit ihrer Mutter vor dem Lagerfeuer lag. „Ihr seht, was passieren kann, an der kleinen Adia. Sie hat Glück gehabt, dass wir gerade hier sind. Andere haben diese Chance nicht. Ihr müsst viel achtsamer durch die Natur gehen. Die Natur ist wunderschön, wenn man sie mit offenen Herzen durchwandert, doch gehört dazu auch, sie zu schützen. Wir sind Tiere, dies ist unsere Heimat, doch sind wir auf euch Menschen angewiesen, dass ihr unsere Lebensräume sauber haltet und die Gefahren, die von den menschlichen Dingen ausgehen, von uns fernhaltet."

Orenda hob ihren Stab. „Malu hat es sehr schön gesagt. **Die Natur ist der Lebensraum der Tiere, in dem der Mensch Ruhe und Schönheit findet. Sie ist jedoch auch der Atem der Welt. Jeder Baum, jede Pflanze erzeugt Sauerstoff und reinigt die Luft, die wir Menschen atmen.**

Wenn wir diese Natur nicht schützen und sauberhalten, wird uns Menschen irgendwann die Luft ausgehen. Es ist ein Kreislauf und es liegt in der Hand jeden Einzelnen, etwas dazu beizutragen, dass der Atem der Welt nicht erlischt."

Wisal, der Waschbär, räusperte sich. „Unsere Erde ist unser einziges Zuhause, wo sollen wir denn hingehen wenn sie kaputt ist?"

Sophia flatterte auf. „Tja, da stehen wir dann genauso da wie der Mensch. Denn wir sind miteinander verknüpft, nur wird die Natur den längeren Atem haben."

Malu flog auch empor. „Es ist traurig, dass man über Umweltschutz sprechen muss, doch manchmal begreift man es erst, wenn man sieht, was man schützen soll und warum. Liebe Kinder, geht mit offenen Augen durch unsere Natur und vor allem nehmt wahr, was ihr schützen sollt, denn es ist eure Zukunft und die eurer Kinder und Kindeskinder. Es gibt immer Hoffnung, nur der Anfang liegt bei jedem Einzelnen." Mit diesen Worten flog Malu in den Wald.

Die Kinder saßen noch lange am Lagerfeuer und schwiegen. Es bedurfte keiner Worte, denn sie sahen Adia, ihr Leiden und sie hatten Malus Worte in Gedanken. Sie holten tief Luft und spürten den Atem der Welt, deren Schutz in der Verantwortung jeden Einzelnen lag.

Spinne und webe die Fäden richtig. Du kannst die Felder auch farblich darstellen.

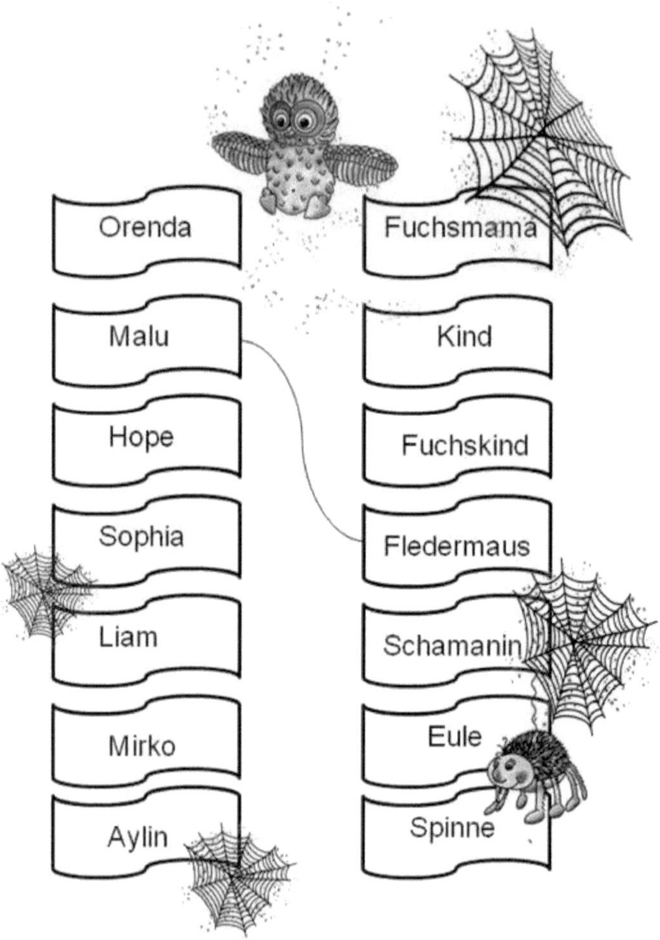

Malus Traum

Die Sterne leuchteten heute besonders hell und der Mond lachte vom Himmel. An der Eiche Valeska hing Malu an einem Ast und schaukelte lächelnd hin und her. Sophia flog lautlos hinzu und schaute ihn an. „Hallo Malu. Das Lächeln auf deinem Gesicht sagt mir, dass dir etwas Wunderschönes durch den Kopf geht. Verrätst du mir, was es ist?"

Malu grinste über das ganze Gesicht Sophia an. „Ach ich hatte einen Traum, letztes Jahr, als ich Winterschlaf hielt, und gerade erinnerte ich mich wieder daran."

„Wow, das muss ein toller Traum gewesen sein."

Es rauschte und Imani, der Bussard, kam herbei. „Huhu, was lächelt ihr so?"

„Malu erinnert sich gerade an einen Traum, den er während des Winterschlafs hatte. Einen schönen Traum."

„Das war bestimmt an dem Tag, wo wir alle dachten, er wacht zu früh auf. Ich weiß noch, dass Wisal völlig in Panik zu mir kam und erzählte, dass Malu in seiner Höhle zuckte und immer wieder laut lachte. Wir sind gleich zu ihm geflogen und haben voller Angst beobachtet, wie er im Schlaf lachte."

Malu stutzte. „Das habt ihr mir gar nicht erzählt."

„Malu, du weißt doch, dass wir dich immer beschützen und darauf achten, dass nichts deinen Schlaf stört. Wisal war an der Reihe und er erschrak fürchterlich, als du plötzlich im Schlaf zu lachen anfingst."

„Das kann ich mir vorstellen."

„Es war faszinierend, dich zu beobachten. Du erschienst uns sehr glücklich und voller Freude und das im Tiefschlaf."

„Ach, Sophia, es war ein mega toller Traum. Soll ich ihn euch erzählen?"

Imani gluckste. „Weißt du was, lass uns zu Zacharias fliegen. Sicher sind dort wieder viele versammelt und du kannst deinen Traum allen erzählen.“

„Tolle Idee. Komm, lass uns losflattern.“

Die drei erhoben sich in die Luft und flitzten unter dem Sternenhimmel entlang zu Zacharias Hütte.

„Zacharias, Lynn, heute erzähle ich euch eine Geschichte“, rief Malu schon von Weitem.

Die beiden saßen auf der Veranda und sahen ihnen entgegen. Um sie herum waren einige Tiere versammelt. Malu flatterte erst einmal runter zur Lavendelwiese und begrüßte Guillermo, den Gargouilles. Dann hängte er sich an die Verandastange. „Wow, was macht ihr alle hier?“ Er sah sich um und sah Saira, das Eichhörnchen, natürlich Wisal, die Marder und sogar Luam, den Dachs. Fynn, der Grashüpfer, saß auf der Brüstung und lachte Malu entgegen. „Habe die Ehre, was willst du uns erzählen?“

„Ich habe mich heute wieder an einen Traum erinnert, den ich während des Winterschlafs hatte. Den würde ich euch gerne erzählen.“

Wisal schnaubte. „Das war eine Aufregung. Ich dachte, du wachst auf. Das ist bestimmt dieser Traum. Es war wirklich erschreckend, als du plötzlich mitten im Schlaf loslachtest. Ich bekam richtig Angst um dich.“

„Genau, Wisal, das muss der Traum gewesen sein. Ich habe ihn so in meiner Erinnerung, als wäre es wirklich passiert. Danke, dass du auf mich aufgepasst hast.“

Wisal schaute verlegen. „Ach, das ist doch nichts. Ist doch selbstverständlich unter Freunden. Außerdem lag draußen eh viel Schnee, da war es bei dir in der Höhle kuscheliger.“

Lynn schmunzelte. „Es war wirklich ein strenger Winter mit viel Schnee und wäre Malu als Winterschläfer da aufgewacht, hätte er keine Chance gehabt zu überleben. Deshalb finde ich es sehr aufopfernd, dass ihr immer ein Auge auf ihn habt. Zacharias, schau mal, deine Freunde sind hier."

Zacharias schaute kurz auf, seufzte tief und streichelte abwesend seine Decke, die über seinen Beinen lag. „Naja, vielleicht ist er gleich bei uns. Malu, erzähl uns einfach deinen Traum."

Malu ließ sich auf die Brüstung fallen und dappelte hin und her mit schleifenden Flügeln. „Es war sooooo schön." Er spannte die Flügel theatralisch auf. „Sooooo schön. Ich wachte auf und wusste, dass etwas besonders war. Nichts ahnend flatterte ich aus der Höhle und kam in eine weiße Wunderwelt. Erst erschrak ich, doch dann merkte ich, dass ich gar keinen Hunger verspürte und mein Energiehaushalt voll geladen war. Ich flatterte über die weiße Pracht und wusste, ich musste träumen. Doch es war mein Traum. Ich wollte ihn erleben. Ich flog jauchzend Loopings und fegte mit meinen Schwingen über die Äste der Bäume, sodaß es weiß herabrieselte. Die Sterne am Himmel ließen den Wald glitzern und es war hell, nicht dunkel. Es war so berauschend." Er machte eine Pause und atmete tief durch. „Dann erschien Abaya, der Geisteradler, vor mir. Er funkelte und glitzerte wie der Schnee. Er sah mich an und lachte. *Malu, heute kannst du dir deinen eigenen Traum erschaffen. Erlebe ihn in vollen Zügen. Dein großer Wunsch, der in deinem tiefsten Inneren verborgen war, diesen kannst du nun leben. Denn Träume entstehen in unserem Unterbewusstsein. Hier vor dir, ist deine Traumwelt. Erlebe, was du schon immer einmal erleben wolltest, und ziehe Kraft daraus. Deine Natur lässt es nicht zu, dass du in den winterlichen Monaten erwachst. Deshalb schenke ich dir diese Traumzeit, diese Magie, um dir deinen tiefsten Wunsch zu erfüllen.* Ich war erstaunt und glücklich zugleich. Dieses Geschenk war besonders wertvoll für mich. Vieles kannte ich aus euren Erzählungen, doch es selbst zu sehen, das war überwältigend. Ich hängte mich an einen Ast von Valeska und auf mich rieselte der weiße Schnee herab. Er kitzelte meine Schwingen und ich schaute fasziniert zu, wie die Kristalle auf meinen Flügeln schmolzen. Es war ein tolles Gefühl. Mir liefen Tränen über die Wangen und tropften als kleine Eiskristalle zur Erde. Es waren Freudentränen, die ich einfach nicht zurückhalten konnte." Malu wischte sich über die Augen, denn selbst jetzt rollten sie ihm herab, bei den Erinnerungen. „Dann hörte ich euch. Ihr lachtet und gluckstet, es scholl durch den ganzen Wald. Wart ihr auch in meinen Traum?, fragte ich mich. Voller Vorfreude flatterte ich euren lachenden Stimmen entgegen und fand euch auf der großen Wiese am Waldrand. Doch egal, wie oft ich rief und um euch rumflog, ihr habt mich nicht gesehen. Da wusste ich, dass nur meine Seele hier war. Mein Körper hing beschützt und warm in der Höhle. Es war die Magie, die mich trug, die mir diesen Traum schenkte. Erst war ich etwas traurig, dass ihr mich nicht sehen konntet, doch ich konnte euch sehen und das war sooooo toll."

Saira, das Eichhörnchen, lachte. „Malu, jetzt weiß ich, wer uns an diesem Tag geärgert hat. Magie ist so kraftvoll. Wir dachten, es wäre ein Geist unter uns. Doch du warst es. Du warst bei uns."

Zacharias hob den Kopf. „Malu ist immer bei uns, deswegen spüren wir ihn überall, denn er ist in unserem Herzen."

„Ja, ich war es. Mal ehrlich, ihr habt eine Schneefledermaus gebaut, mit den Kindern des Dorfes und sie sah mir wirklich nicht ähnlich. Was sollte der lange Schwanz und diese Elefantenohren? Erst bekam ich einen Lachkrampf doch dann dachte ich so bei mir: Erinnern sie sich nicht daran, wie ich aussehe? Deshalb bin ich darüber gefegt, sodass diese Ohren abfielen. Eure Gesichter waren wirklich zu komisch."

Sophia schmunzelte. „Die Kinder wollten keine Schneemänner bauen, wie es üblich war im Winter. Also versuchten sie eine Fledermaus aus Schnee zu bauen. Der erste Versuch war wirklich lächerlich. Doch der zweite war mega toll. Ich hoffe, den hast du auch gesehen."

„Klar und ich war voll gerührt. Ich, Malu, die kleine Fledermaus, mitten auf der großen Wiese, aus lauter kleinen Schneekristallen zusammengesetzt. Es war wundervoll. Ich spürte euch in meinem Herzen und ich war sehr glücklich. Es war mein Traum, einmal bei euch sein zu können. Diese Glitzerwunderwelt zu erleben, die ihr Winter nennt. Ich sah in euren Bemühungen, dass ich bei euch war, in euren Gedanken. Ich war nicht vergessen. Es war das Gefühl des vollkommenen Glücks." Malu freute sich und atmete tief durch. „Gerne wäre ich ewig in diesem Traum geblieben. Es war so eine faszinierende Wunderwelt. Dieses Glitzern der Schneeflocken, diese Stille, die auf der Natur lag und sie warm einhüllte. Der Schnee war kalt und doch brachte er Wärme in mein Herz. **Kennt ihr dieses Gefühl, dieses Gefühl, das einen weinen und lachen zugleich lässt? Es war so befreiend, ich kann es nicht in Worte fassen. Sicher hat jeder schon einmal dieses Gefühl in sich aufsteigen gespürt. Doch wisst ihr, was die Kunst daran ist? Es auch zuzulassen, dass es ausbricht.** Dieses Gefühl, das uns die tiefste Freude und Magie erleben lässt. Dieses Gefühl ist in jeden von uns, nur lassen wir es zu selten an die Oberfläche. Warum eigentlich? Warum nehmen wir uns die Freude, unsere tiefsten Gefühle zu zeigen. Jauchzend und Lachend durchs Leben zu gehen. Glaubt mir, als mein Traum in mir Wirklichkeit wurde, gab ich dem Drang nach und lachte lauthals los. Das Gefühl war so groß, dass ich im Tiefschlaf laut raus jauchzte."

Sophia lächelte Malu an. „Träume sind Magie der Seele. In Träumen erfüllen sich unsere größten Wünsche. Du bist immer bei uns, auch während der Zeit des Winterschlafs."

Alle pflichteten sie Sophia bei. Zacharias sah in die Runde. „Oh meine Freunde, soll ich euch eine Geschichte erzählen? Einen Traum, den ich einmal hatte. Es war ein unvergleichliches Gefühl." Zacharias klopfte sich auf die Schenkel und lachte lauthals los. Erst stutzten alle, dann ließen sie sich anstecken und stimmten in sein Lachen ein. Es klang noch lange in die Nacht hinein. Lachen, das voller Gefühl und Magie war und aus dem Herzen kam.

Trage die Namen nach Anfangsbuchstaben und dem ABC geordnet in die Tabelle.

Wisal	Luam	Jaro	Nadja
Ben	Sophia	Malu	Klara
Imani	Abaya	Orenda	Hope

A _________ H _________ O _________ V _________

B _________ I _________ P _________ W _________

C _________ J _________ Q _________ X _________

D _________ K _________ R _________ Y _________

E _________ L _________ S _________ Z _________

F _________ M _________ T _________

G _________ N _________ U _________

Ausgesetzt

„Maluuuuuu, komm schnell, werde wach, es gibt einen Notfall." Laut erklang der Ruf in der Höhle.

Malu reckte sich und linste unter seinen Flügeln hervor. „Was gibt es denn, Mirko, dass du schon so früh rumbrüllst? Es ist noch nicht meine Zeit."

„Ja, ich weiß, doch wir brauchen deine Hilfe. Außerdem geht die Sonne gleich unter, also mal eine Stunde früher aufzustehen wird dir nicht schaden."

Sophia flog herbei und schaute beide an. „Was ist nun, wollen wir los? Es ist immerhin ein Notfall."

Mirko krabbelte geschwind in Sophias Gefieder. Malu reckte sich noch mal und schon flatterten sie aus der Höhle in die untergehende Sonne hinein.

„Puh, ist das noch hell und diese Hitze ... Wirklich nicht meine Zeit", stöhnte Malu.

Schwupps, schon ging es durch den Wald, wo die Bäume etwas Schutz gaben. „Wow, schaut euch das an. Es sieht aus, als würden die Bäume brennen. Phänomenal. Echt krass, wie sich das Abendlicht auf den Bäumen bricht."

„Malu, das kannst du ein anderes Mal bewundern. Nun komm, wir haben es eilig." Sophia flog voraus zum Waldrand an der Dorfsiedlung. „Schau, Malu."

Malu sah sich um. Unter einem Baum sah er einen kleinen Hund sitzen. „Oh, ein Welpe, ist der knuffig." Malu flog darauf zu und setzte sich in sicherer Entfernung auf einen Ast. „Na du Kleiner, was machst du hier alleine?"

Der kleine Hund schaute traurig auf. „Ich hänge fest. Mein Besitzer hat mich hier angebunden und ist weggegangen. Das war heute Morgen. Ich habe solchen Durst."

Aus dem Wald hörte man ein Rascheln, als Wisal herauspurzelte. „Hallo, ich habe Wasser mitgebracht. Schau, mein Kleiner, nun bekommst du was zu trinken." Wisal reckte seine Pfoten dem Hund entgegen, auf denen es noch Nass schimmerte. „Oh, nun ist es weg. Wo ist es nur hin? Gerade hatte ich es noch in meinen Pfoten."

Malu und Mirko schüttelten den Kopf. „Menno Wisal, so wie du gerannt bist, ist es dir durch die Pfoten geronnen. Halte deine Pfote den Hund hin, vielleicht kann er noch etwas Nass von deinen Pfoten schlecken."

„Ich bin doch nicht lebensmüde. Was ist, wenn er zubeißt?"

„Jetzt mach schon, er wird dich schon nicht aufessen. Er hat Durst."

Ganz vorsichtig näherte sich Wisal den Hund und hielt ihm seine Pfote ausgestreckt entgegen. Er hatte die Augen zugekniffen und zitterte etwas. „Sei ganz brav, nicht beißen, nur nicht beißen."

Der kleine Hund schleckte an Wisals Pfote.

„Iiiiiih, das ist ja ekelig."

Sophia grummelte. „Also wirklich, Wisal. Es geht hier um ein Leben, da wird es wohl nicht so schlimm sein, mal etwas als unangenehm zu empfinden. Du kannst dir deine Pfote dann wieder waschen."

Von oben erscholl ein Ruf und Imani, der Bussard, erschien. „Oh, was haben wir hier?"

„Du kommst gerade zur richtigen Zeit. Flieg mal rauf zum Förster Jacob und hole ihn. Wir glauben, dass dieser kleine Welpe hier ausgesetzt wurde." Imani fragte nicht lange und flog los. Malu schaute den kleinen Hund an, der sich wieder hingelegt hatte. „Wie heißt du?"

„Ich habe keinen Namen." Der Hund schaute traurig auf.

„Oh, naja wir werden einen für dich finden. Jetzt ist es erst mal wichtig, dass wir dich von diesem Strick befreien. Wisal, kannst du ihn nicht lösen?“

„Nee, hab ich schon versucht. Der hat sich zu fest gezogen.“

Mirko überlegte. „Mmh, lasst uns mal nachdenken. Bis Jacob kommt, kann es noch dauern. Welches Tier kann einen Strick durchbeißen? Wer kann uns helfen?“

„Was ist mit den Eichhörnchen?“

„Nee Wisal, die bräuchten ewig.“ Malu legte die Stirn in Falten. „Ich hab‘s. Themba, der Wolf. Er hat wirklich scharfe Zähne und er ist noch ein Urahn des Kleinen, er hilft sicher gerne. Nur wo finden wir ihn?“

Sophia flog auf. „Ich weiß, wo er und seine Familie sind. Ich mache mich direkt auf den Weg.“

„Tja, nun müssen wir warten. Sag mal, welchen Namen möchtest du gerne?“

Der Hund sah Malu an. „Ich weiß nicht. Vielleicht einen Namen, der zu mir passt.“

„Klaro muss er zu dir passen, also Anton wäre doof und Helmuth auch.“

Wisal ließ sich hin plumpsen und wischte seine Pfote in der Wiese ab. „Also, ich finde Ben ist gut, denn Ben bedeutet Glück und es ist dein Glück, dass wir dich hier fanden.“

„Wow, Wisal, das ist ein toller Name. Wie Lucky, der Mischlingshund, dessen Namen auch der Glückliche bedeutet. Also dann nennen wir dich Ben.“ Malu lachte den Hund an.

„Ben …. Ben das ist ein guter Name. Ja, so will ich heißen.“

Glücklich schaute Ben seine neuen Freunde an. „Sag mal, Ben, wo hast du denn gewohnt?“

„Ach, gewohnt habe ich eigentlich nirgends. Ich war bei Mama zuhause mit meinen Geschwistern, dann kam ein

Mann und nahm mich mit. Er hatte eine kleine Wohnung und da lebte ich. Ab und zu ging er mit mir raus. Doch ich bin noch klein und manchmal konnte ich einfach noch nicht einhalten und dann passierte ein Malheur in der Wohnung. Er schimpfte sehr mit mir. Heute Morgen fuhren wir hierher. Es war ein langer Weg. Ich fand es schön, denn ich war noch nie auf einer Wiese und im Wald. Er sagte, ich solle hier warten, er würde gleich wiederkommen. Dann band er mich hier an. Doch er kam nicht zurück. Ich hörte das Motorengeräusch von seinem Auto und da wusste ich es. Er hatte mich einfach vergessen. Morgens war es hier noch schattig, doch am Nachmittag kam die Sonne und es wurde immer heißer. Es war grauenvoll. Ich hatte entsetzliche Angst. Dann erschien Wisal und er sagte mir, dass er jemanden holen würde. Da war ich wirklich glücklich. Doch ich hatte Angst, dass auch er nicht mehr zurückkommt. Doch er kam wieder. Wisal, das war wirklich nett von dir."

Wisal lief rot an. „Ja, ja, ist doch Selbstverständlich, dass man jemandem hilft, der in Not ist."

„Selbstverständlich ist das nicht, leider."

Malu schaute Richtung Dickicht. „Oh, ich höre was. Ich glaube, Themba ist im Anmarsch."

Aus dem Unterholz schlich ein großer Wolf heraus und Sophia landete lautlos hinter Mirko.

„Hey, du sollst dich nicht immer so anschleichen. Irgendwann bekomme ich vor Schreck noch einen Herzanfall."

„So schnell geht das nicht, Mirko, und ich vergesse einfach immer, mich erst bemerkbar zu machen." Themba trat näher heran. „Sooo, was haben wir denn da?", grollte er.

„Themba, schön, dass du unseren Ruf erhört hast", sagte Malu. „Schau mal, der kleine Ben hängt hier fest. Du musst den Strick durchbeißen."

Ben zitterte. „Warum bist du so groß?"

Themba lachte. „Ich bin ein Wolf. Auch du kleiner Kerl stammst von meinem Erbgut ab. Auch, wenn du noch klein bist, steckt ein bisschen Wolf in dir. Doch komm, erst einmal befreie ich dich von dem Strick, damit du dir die Beine vertreten kannst, und dann können wir reden." Themba öffnete sein großes Gebiss und ließ es über dem Strick zuschnappen und schon war Ben frei. Er kam mühsam auf die Beine, reckte und streckte sich und machte vorsichtig ein paar Schritte, dann sprang er los. Er hechtete einmal über die Wiese. Wisal rannte hinterher. „Heeeeey, nicht abhauen, komm hierhin, Platz, bei Fuß, Sitz …" Es sah komisch aus, wie Wisal versuchte, Ben einzuholen. Alle lachten lauthals los. „Wisal, nur ein Kommando, nicht gleich so viele auf einmal."

Ben flitzte zurück und blieb hechelnd neben Themba liegen. „Ich haue nicht ab. Wo soll ich denn hin? Ich habe kein Zuhause."

„Tja als Hund kannst du hier im Wald nicht leben."

„Deswegen haben wir auch schon Imani zu Jacob geschickt, damit er ihn herholt", sagte Malu. „Wir warten auf ihn, er weiß sicher, was zu tun ist."

„Schau da kommt er schon." Wisal flitze über die Wiese hinweg, denn er hatte in der Ferne Jacob erspäht. Auf seinem Arm saß Imani. Bei ihm angekommen erzählte er aufgeregt. „Jacob, wir haben Ben gefunden. Naja, er heißt erst jetzt so. Er hatte keinen Namen. Doch jeder braucht doch einen Namen. Er war angebunden und Themba hat mit einem Schnapp den Strick durchgebissen. Doch er hat kein Zuhause. Komm, schnell …"

„Wisal, hol mal Luft, sonst erstickst du noch. Ich bin ja auf dem Weg. Doch so schnell wie du kann ich nicht. Ich bin schon etwas älter." Jacob lachte in sich hinein und amüsierte sich über den Waschbären. Was hatten diese Tiere doch für eine Energie.

Als er bei der Gruppe angelangt war, schaute er auf den kleinen Welpen, der dazwischen lag. „Hallo alle miteinander und du bist also der kleine Ben. Hat man dich hier ausgesetzt ... Komm, ich nehme dir erst einmal den Strick vom Hals weg und dann habe ich auch Leckerchen mitgebracht." Er setzte sich auf die Wiese und Ben robbte vorsichtig zu ihm. Ganz langsam streckte Jacob seine Hand aus und ließ ihn schnuppern.

„Warum machst du das?", fragte Wisal.

„Er kennt mich nicht und weiß nicht, ob von mir Gefahr ausgeht. Deshalb habe ich mich hingesetzt, dass ich nicht so groß erscheine. Denn groß bedeutet auch bedrohlich. Jetzt lass ich ihn an meiner Hand schnuppern, damit er meinen Duft aufnehmen kann, denn daran kann er auch erkennen, ob ich eine Gefahr bin oder nicht. Siehst du, jetzt fasst er Vertrauen."

Themba trat näher und ließ sich neben Jacob nieder. „Gegen dich ist Ben ein Mini. Tja, was machen wir nun mit dem kleinen Kerl?"

Jacob fischte in seiner Jackentasche und holte einen Beutel hervor. Daraus gab er kleine Brocken Ben, der sie hastig fraß. „Langsam, hier hast du auch noch etwas Wasser. Er zog eine Flasche hervor und schüttete sich etwas Wasser in die Hand, woraus Ben sofort heftig schlabberte.

„So, das reicht erst mal. Es ist nicht gut, wenn du jetzt zu viel und zu hastig zu dir nimmst, nachdem du den ganzen Tag hungrig und durstig warst."

Ben seufzte tief auf und rollte sich auf Jacobs Beinen zusammen. Ganz vorsichtig fing Jacob an ihn zu kraulen. Es dauerte nicht lange und er schlief ein.

„Was machen wir jetzt mit ihm?"

„Tja, Malu, das ist nun die Frage. Bei euch kann er nicht bleiben. Natürlich gibt es Tierheime, wo ich ihn hinbringen könnte ..."

Sogleich erscholl von allen Tieren. „Neeiiiiiiinnnnn, bloß nicht in ein Tierheim. Dort sitzt er doch ewig hinter Gittern."

„Also nicht immer. Er hat dort eine gute Chance, ein neues Zuhause zu finden. Er ist ein Welpe und kein alter Hund. Es gibt viele, die gerne einen kleinen Hund wollen. Vor allem bekommt er dort auch Futter und ein Dach über dem Kopf."

„Also, hätte ich gewusst, dass du ihn in ein Tierheim stecken willst, hätte ich dich nicht geholt." Imani grummelte.

Sophia räusperte sich. „Beruhigt euch mal. Hier wird niemand in ein Tierheim gesteckt. Wir werden auch dafür eine Lösung finden. Das erschreckende ist, dass es überhaupt passiert, dass so ein kleiner Hund einfach im Wald angebunden wird. Anstatt dass sie ihn vor einem Tierheim anbinden. Dort wäre er viel früher gefunden worden."

Jacob seufzte tief auf. „Leider geht es nicht nur jungen Hunden so. Es werden so viele verschiedene Tiere ausgesetzt. Erst holen sich die Menschen ein Tier und wenn sie dann merken, dass es Arbeit macht, sind viele überfordert. Es stimmt, besser wäre es, sie direkt dort abzugeben, wo sie die Chance haben, ein neues gutes Zuhause zu finden, leider ist das für viele der Mühe nicht wert. Dann doch lieber irgendwo anbinden und ihnen ihrem Schicksal überlassen."

„Boah, was sind das für Menschen, die so etwas tun?" Mirko sah ganz entsetzt aus.

„Menschen, die keinen Charakter haben. Für die Tiere keine Lebewesen sind. Sie denken nicht darüber nach was passieren kann. Welche Ängste und in welchen Nöten das Tier sich befinden wird, bis es vielleicht gefunden wird. Es geht ihnen nur darum, es loszuwerden."

„Das ist doch voll kriminell."

„Tja, das ist eine Schattenseite der Menschen. Nimm diesen kleinen Ben hier. Er hatte Glück, dass ihr auf ihn aufmerksam wurdet. Er wäre hier verhungert und verdurstet und hätte sich dadurch, dass er angebunden war, sicher auch noch verletzt. Denn er hätte irgendwann versucht, sich zu befreien, und dabei wäre der Strick sein Tod geworden. Ich will es nicht verschönern, es ist grauenvoll, was solchen Tieren passiert. Sprechen wir es doch mal direkt an. Der Strick hätte sich in seinen Hals gewetzt und ihn langsam erstickt. Wenn nicht das, hätten sich die Wunden entzündet und sich Parasiten darin festgesetzt. Egal, was passiert wäre, er hätte keine Chance gehabt zu überleben, denn seine Ängste und seine Panik würden mehr Adrenalin ausschütten und somit hätte er noch mehr Flüssigkeit verloren. Ben wäre elendig zugrunde gegangen."

Malu schüttelte sich erschrocken und auch den anderen liefen die Tränen über das Gesicht. „Das ist so krass. Gut, dass wir den Kleinen gefunden haben. Danke, Wisal, das du aufmerksam deinen Weg gegangen bist und vor allem, dass du gehandelt hast. Viele sehen auch etwas und reagieren gar nicht, weil sie sich nicht damit belasten wollen."

„Wisst ihr, täglich werden Hunde ausgesetzt. Einfach irgendwo zurückgelassen. Manchmal denke ich, das ist noch das bessere Leid, denn viele haben zwar ein Zuhause, doch sie werden gequält. Das ist auch sehr schlimm und hier gibt es noch weniger, die hinschauen und auch handeln – es an den Tierschutz melden oder an die Polizei. Seine Augen zu öffnen für das Leid der Tiere fängt nicht bei seinen eigenen Lieblingen an. Nein, man muss auch die anderen sehen. Ich finde, man kann sein eigenes Tier über alles lieben, doch sollte man auch die Augen offen halten und sehen und vor allem handeln, wenn einem etwas auffällig erscheint."

„Da hast du Recht, Jacob. Neulich war ein richtiger Aufstand, am großen Park, im Dorf. Ich habe beobachtet, wie viele Menschen an einem Auto standen und einer schlug die Scheibe ein. Dann kam auch schon die Polizei. Sie holten einen Hund heraus. Er war einfach im Auto zurückgelassen worden, ohne dass ein Fenster auf war, und der Wagen stand in der prallen Sonne. Als der Besitzer zurückkam, regte er sich auf, dass jemand die Scheibe eingeschlagen hatte. Doch die Polizei sagte, das war richtig. Denn wenn jemandem Lebensgefahr droht, ob Mensch oder Tier, darf man handeln. Man sollte nur vorher Beweisfotos machen, damit man es belegen kann, dass hier wirklich Lebensgefahr bestand. Ich fand das wirklich erschreckend. Solche Menschen denken nicht nach. Wie kann ich den Hund im Auto lassen, bei diesen Temperaturen."

Imani schüttelte seinen Kopf. „Das kommt leider oft vor. Das Auto stand vielleicht im Schatten, doch bis der Besitzer zurückkommt, ist es in der Sonne und selbst im Schatten heizt es sich auf. Glaubt mir, nicht nur Hunde sogar ihre eigenen Kinder setzen sie dieser Gefahr aus. Schon öfters musste die Polizei ein Kleinkind aus einem überhitzten Auto retten."

„Boah, das stimmt doch nicht wirklich. Ihre eigenen Kinder. Was sind das bloß für Wesen. Das ist doch nicht menschlich." Wisal jaulte auf. „Mensch ist eine Bezeichnung, die viele nicht verdienen. Doch es gibt auch die guten Menschen, die mit offenen Augen durch die Welt spazieren. **Reagieren anstatt ignorieren und auf die kleinen Dinge achten, um ihnen im Notfall Hilfe zu gewähren**. Wir kennen viele solcher Menschen und wenn der eine oder andere sich ein Beispiel an diesen nimmt und auch etwas aufmerksamer wird, dann ist es gut. Manchmal bedarf es einfach eines kleinen Gedankenstoß um wieder achtsamer durch sein Leben zu gehen."

Themba leckte über den kleinen Ben. „Er hier hatte Glück und er wird sicher ein schönes Zuhause finden. So wie ich das sehe, hat er Jacob schon adoptiert. Also, wie ist es, Jacob? Du bist Förster, brauchst du nicht einen treuen Begleiter? Dein alter Sam ist doch schon in die Jahre gekommen und würde lieber zuhause liegen bleiben, wenn du unterwegs bist."

Alle sahen sie hoffnungsvoll Jacob an.

„Naja, so ein kleiner Hund macht natürlich auch viel Arbeit. Doch irgendwie ist es eine Überlegung wert. Sam ist schon alt und so ein junger Hund kann ihm etwas Gesellschaft leisten auf seine alten Tage. Mein Garten ist groß und wenn er sich gut abrichten lässt, kann ich ihn auch zur Arbeit mit in den Wald nehmen."

„Bitttteeee!", kam es von allen.

„Ok, ihr habt mich überredet. Der kleine Ben kommt mit mir nach Hause. Ich denke, er wird ein sehr dankbares Tier sein."

Auf seinen Beinen regte sich Ben und schaute verschlafen in die Runde. „Hab ich was verpasst?"

Malu flatterte zu ihm. „Ben, du hast nun ein neues Zuhause. Jacob wird dich adoptieren. Wenn du dich gut beträgst, darfst du auch mit zu seiner Arbeit in den Wald und uns oft besuchen. Er ist einer dieser außergewöhnlich lieben Menschen, also bist du gut untergebracht.“

Ben sprang auf und schleckte Jacob vor Freude über das Gesicht.

Jacob erhob sich und klemmte sich das zappelnde Bündel unter den Arm. „So nun muss ich den Heimweg antreten, es ist schon mitten in der Nacht. Es gibt immerhin noch viel zu tun. Ich muss Ben meinen alten Hund Sam vorstellen und ihm einen Platz zum Schlafen zuweisen. Geht ihr alle weiterhin achtsam durch die Natur. Man weiß nie, wer eure Hilfe braucht.“

Alle winkten Jacob hinterher und Sophia begleitete ihn noch zu seinem Haus. Einfach, um ihn ein Gefühl des Schutzes in der dunklen Nacht zu geben.

Malu seufzte tief durch. „So, wieder haben wir eine gute Tat vollbracht. Doch was wir gehört haben, war auch sehr erschreckend und sollte uns zum Nachdenken bringen, noch achtsamer durchs Leben zu spazieren.“ Er flatterte auf und Mirko krabbelte diesmal bei Imani ins Gefieder. „Allen noch eine schöne Nacht und denkt daran – immer aufmerksam durch die Welt gehen“, waren Mirkos letzte Worte, bevor Imani sich erhob und mit ihm zur Höhle flog.

Weißt du, wer Ben seinen Namen gegeben hat?

Weißt du auch noch, was der Name bedeutet?

Alle Namen in Malu´s Büchern haben eine Bedeutung, sogar
dein eigener Name. Finde die Bedeutung mit deinen Eltern
heraus und schreibe ihn dir hier auf.

Dein Name   ___________________________

Deine Bedeutung   ___________________________

Das Leben ist schön

Der Wald erstrahlte heute in wunderschönen Farben, als sich die Sonne herabsenkte. Mirko webte sein Netz und schaute immer wieder fasziniert Richtung der großen Bäume. Er war so in Gedanken und Bewunderung vertieft, dass er gar nicht mitbekam, wo er webte. Plötzlich erklang ein lauter Schrei und er fing sich gerade noch an einem Fanden auf. „Hey, aua, Menno Mirko, was hast du wieder angestellt?" Malu hing, voll mit Mirkos klebrigen Spinnenfäden, am Fels. Mirko schaute ganz verdutzt. „Was ist dir denn passiert? Bist du durch den Fels geflogen?"

„Nee, wie immer durch den Felsspalt. Doch du hast wieder einmal dein Netz davor gewebt. Du musst mir einen Durchgang lassen."

Mirko lachte. „Tja, also, ich habe gar nicht gemerkt, dass ich den Eingang zugewebt habe."

Malu versuchte die klebrigen Fäden von sich abzustreifen. „Nicht gemerkt? Wie kann man das nicht merken. Wo warst du mit deinen Gedanken?"

Mirko gluckste. „Ich habe das tolle Schauspiel der Abendsonne beobachtet." Er schaute in den Wald. „Oh, nun ist es vorbei. Doch schau, wie toll der Mond und die Sterne die Nacht erhellen. Es ist wunderschön."

Malu schaute in die Dunkelheit. „Ja, Mirko, manchmal ist man einfach von der Schönheit der Natur abgelenkt. Das sind diese kleinen Augenblicke, die einen sogar vergessen lassen, was um einen herum passiert."

„Genau, Malu, und bei meiner Bewunderung habe ich gar nicht bemerkt, das ich unbewusst weitergewebt habe. Doch das war es wert."

Malu hatte sich mittlerweile von den Fäden befreit und lächelte Mirko an. „Schade dass ich zu spät kam. Ich hätte es gerne mit dir bewundert. Doch jeder Abend birgt ein schönes Wunder, wenn man mit freiem Herzen schaut. Die Natur ist voll davon.“

Sie sahen beide in den Sternenhimmel. Lautlos flog Sophia herbei. „Na, ihr zwei, was macht ihr da?“

Mirko lächelte schuldbewusst. „Ich habe versehentlich Malu in meinem Netz gefangen.“

Sophia grinste. „Na es sieht ja so aus, als wäre er dir durch die Lappen gegangen.“

„Sehr witzig, ich war voller Klebefäden. Naja war irgendwie auch sehr lustig.“

Mirko schaute in die Nacht. „Schaut mal, da bewegt sich ein Stern auf uns zu.“

„Oh, das sieht aus, als würde uns Raja, das kleine Licht, besuchen“, sagte Sophia.

Das kleine Licht kam näher. Kurz vor Malus Nase machte es halt. Malu fing an zu schielen. „Guten Abend, Raja, kannst du etwas Abstand nehmen. Ich sehe nix mehr, du blendest ganz schön heute.“

Raja jauchzte auf. „Ist das nicht super toll. Ich leuchte total hell.“

Mirko krabbelte näher. „Wow, wo hast du das viele Licht her? Als wir dich das letzte Mal sahen, warst du nur schwach am Leuchten.“

Raja flog einige Pirouetten und jubelte. „Ach, das Leben ist soooo schön! Ich habe viele tolle Menschen getroffen. Sie sind so voller Hoffnung und das gibt mir Kraft. Ich konnte mein Licht wieder super auftanken. Klar gibt es noch sehr viele, die alles für hoffnungslos halten. Doch ein kleiner Teil glaubt an mich.“

Sie drehte sich zu Malu um. „Es sind deine Freunde, Malu, und es werden immer mehr. Ich habe überall welche gefunden, die dich kennen, und mit ihnen habe ich mein Licht aufgetankt."

Malu schaute ganz gerührt. „Es ist schön, das zu hören. Das Leben kann so wundervoll sein, leider sehen es die wenigsten. Viele brauchen einen kleinen Stups. Doch wenn du, das Licht der Hoffnung, wieder leuchtest, dann ist mein Werk vollbracht."

Sophia stupste Malu mit ihren Flügel an. „Dein Werk ist noch lange nicht vollbracht. Es gibt noch so viele Hoffnungslose auf der Welt, die nur dunkel sehen. Ein kleiner Teil sieht schon das Licht. Doch es müssen mehr werden."

„Sophia du hast Recht. Es gibt noch viele, die gar nicht wissen, wie schön das Leben ist. Die gar nicht wissen, wie faszinierend die kleinen Wunder der Natur sind. Gestern Nacht, als uns Abaya besuchte, hatten wir dieses Thema auch. Doch ich finde, es ist auch sehr wichtig, den Menschen zu zeigen, wie schön das Leben sein kann."

Raja schmunzelte. „Das Leben ist sehr schön, wenn man sich auf die kleinen Dinge konzentriert, die einen erfreuen. Mich erfreut es immer wieder, wenn ich ein lächelndes Gesicht sehe."

Mirko überlegte. „Mich erfreut es jeden Abend, wenn Malu erwacht. Denn er ist mein Freund und über Freunde freut man sich." Malu wischte sich eine Träne weg. „Das ist so nett, dass du das sagst. Wisst ihr, ich denke, schon alleine zu sagen, *das Leben ist schön*, reicht aus, um sich gut zu fühlen."

Sophia atmete tief durch. „Ich möchte euch etwas erzählen. Vor Jahren begegnete ich einem kleinen Marienkäfer mit dem Namen Celine. Er flog freudig umher und ich sah einige

Zeit zu. Als er sich auf ein Blatt niederließ, fragte ich ihn, warum er so fröhlich ist. Da sagte er zu mir: *Schau mich an, ich bin so klein und man muss sehr genau hinsehen um mich zu sehen. Doch trotzdem bin ich ein Glückskäfer. Wer mich sieht, freut sich. Es gibt mich sogar zu Weihnachten und Ostern in Schokolade. Ich bin Celine ein kleines Wesen, unscheinbar und selten zu sehen, und doch werde ich als Glückskäfer verehrt. Bedenke, dass Käfer eigentlich für viele kleine unnütze Krabbeltier sind. Meist sogar ekelig und störend. Doch ich bin der Held. Man muss nicht groß sein, um etwas Wertvolles zu sein oder für etwas Gutes zu stehen. Das macht mich glücklich und mein Leben schön.* Dieser kleine Marienkäfer brachte mich zum Nachdenken. So ein kleines Wesen, mit so viel positiver Energie. Er war wirklich ein Glückskäfer, denn er hat seinen eigenen Wert erkannt und das machte sein Leben schön. **Vergiss niemals deinen eigenen Wert**. Das brachte er mir wieder nahe."

Malu seufzte auf. „Ach, was ist das für eine schöne Begegnung gewesen …? Wenn doch die Menschen den Marienkäfer so lieben und sich an ihm erfreuen, dass sie ihn sogar in Schokolade gießen, dann wäre es doch so einfach, einen guten Gedanken zu finden, wenn man einen braucht. Sie bräuchten sich nur einen Marienkäfer an den Platz legen, den sie am Morgen als erstes sehen, und, schwupp, das Glück liegt vor ihnen."

„Das ist ein super Gedanke. **Es gibt so viele Möglichkeiten, sich etwas Freude zu machen. Sei es der Anblick eines kleinen Marienkäfers mit Namen Celine oder einfach ein Blick in die faszinierende Natur. Das Leben kann so schön sein.**"

Raja schwirrte umher. „So sehe ich das auch. Ich bin auch ein kleines Wesen. Nur kennt man mich nicht als das, was ich bin. Ich bin die Hoffnung, ich bin das kleine Licht. Wer mich kennt, findet auch Augenblicke die das Leben bereichert."

Malu sah in die Sterne. „Das Leben ist so toll. Egal, was alles auf der Welt passiert. Schaut euch doch mal um. Die gigantischen Bäume, Monumente, die es seit Millionen von Jahren gibt. Die Blumen und Pflanzen, jede in ihrer Art einzigartig und wunderschön. Der Regen, der alles atmen lässt. Das fantastische Sternenmeer am Himmel und nicht zu vergessen die tierischen Lebewesen. Egal, ob klein oder groß, sie alle verdienen es, geliebt zu werden. Man kann sich an all dem erfreuen. Wenn es auch oft nur kleine Augenblicke sind. Doch jeder kleine zarte Augenblick bereichert unser Leben. Wenn ich in der Nacht durch die Natur flattere, spüre ich die Kraft, die Magie des Lebens und ich erfreue mich daran. Ich bin nur eine kleine Fledermaus. Doch wie der Marienkäfer sagte: *Es kommt nicht auf die Größe an*, um ein Symbol zu sein. Der kleine Käfer ist ein Symbol des Glücks. Raja ist das Symbol für Hoffnung und ich, bin das Symbol für Erkenntnis. So hat jeder im Leben eine Aufgabe."

Mirko dachte über diese Worte nach. „Malu, das stimmt, jeder hat einen Wert. Man muss gar nicht viel suchen, um das Leben schön zu finden. Kommt man mal vom Weg ab, sollte der Anblick eines kleinen Glückskäfers oder einer Fledermaus ausreichen, um wieder Freude zu haben. Ja, genau, auch einer Fledermaus, denn du wirst als Glücksbote in vielen Ländern verehrt."

Malu musste lachen. „Mirko, lass es gut sein, nicht dass ich auch noch in Schokolade gegossen werde. Das Leben ist schon so schön genug."

Raja blitzte kurz auf. „So macht es gut. Das kleine Licht fliegt nun wieder in die große Welt hinaus." Flugs, weg war sie und übrig blieben die drei Freunde.

„Wisst ihr, das Leben ist schön, weil wir uns gefunden haben", sagte Malu leise. „Wir leben in einer faszinierenden Wunderwelt und haben einzigartige Freunde. Wir erfreuen uns an den kleinen Augenblicken, sehen die magische Welt des Lebens und wir kennen das kleine Licht, das Hoffnung heißt."

Es war wieder die Zeit, wo schweigen mehr sagte als Worte. Denn alle waren sie einer Meinung

Das Leben ist schön.

Finde heraus wie viele Marienkäferchen sich im Buch versteckt haben.

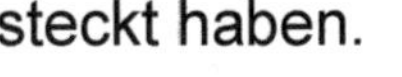

Anmerkung

Du hältst einen kleinen Ausschnitt von 17 Geschichten aus Malus Büchern in der Hand, den ich extra als Sonderausgabe für Kinder zusammengestellt habe.

Malus Geschichtenwelt besteht aus 3 Büchern, die zusammen 80 Abenteuer von Malu enthalten.

Malu – Stimmen des Lebens

Malu – auf der Suche nach Erkenntnis

Malu – und das Geheimnis des kleinen Lichts

Malu – Geschichten für die Seele (Ausschnitte als Hörbuch)

Malus Geschichten sind vielfältig und beinhalten sehr viele Themen, nicht nur für Schulkinder, auch für Jugendliche und Erwachsene.

Malus Geschichten sind in vielen Schulen als Projektarbeit zuhause.

Auch ein persönlicher Besuch in deiner Schule, mit einer Lesung, wäre möglich. Spielerisch und kreativ sind die Inhalte der Geschichten mit Kindern umsetzbar.

Kontakt bitte über meine Homepage

www.regine-sonnleitner.de

Danksagung

Ein großes Dankeschön an alle meine kleinen Leserinnen und Leser.

Ein großes danke an Edith Gross. Malus Geschichten sind bei ihrer Arbeit als Sprachförderungsdozentin ein fester Bestandteil. Die Idee, eine Sonderausgabe nur für Kinder herauszubringen, kam von ihr. Die Auswahl der Geschichten trafen wir zusammen und auch bei den Arbeitsblättern unterstützte sie mich. Sie ist unbezahlbar engagiert.

Ein Danke geht an Renata Neumann Art, dass sie kurzfristig Platz schaffte und die bezaubernden Illustrationen und das Cover gestaltete. www.renataneumann.art

Der größte Dank gebührt wie immer Malu, denn er hat sich in die Herzen der Kinder geschlichen.

Hier findet ihr mehr Informationen über meine Bücher.

www.regine-sonnleitner.de

Wenn euch Malus Geschichten gefallen haben, schreibt ihm eine Rezension, redet über ihn und nehmt ihn mit in die Schule, er würde sich sehr darüber freuen. Auch könnt ihr mich selbst über meine Seiten anschreiben, ich freue mich über jedes Bild oder Wort, das mich über Malu erreicht, und antworte ganz bestimmt.

Alle meine Bücher bekommt ihr überall im Buchhandel und bei mir persönlich sogar mit Signatur/Widmung.